제2판

Failure Management (FM) & Success Management (SM)

실패의 유익함과 **성공의 해로움**을 체계적으로 관리하는 방법

실패관리와 성공관리

이준수
폴 마이싱
이승주
정권

박영사

머리말

성공과 실패를 쉽게 정의하기는 힘들다. 이는 사람마다 성공과 실패를 판단하는 기준이 다양하기 때문이며, 더 나아가 다음의 두 가지 역설 때문일 것이다. 첫 번째 역설은 실패 덕분에 훗날 성공하는 경우다. 두 번째 역설은 성공 때문에 나중에 실패하는 경우다. 우리는 이러한 두 가지 역설을 일상 속에서 맞닥뜨리고 대응하며 산다. 이렇게 성공과 실패의 역설과 아이러니 속에서 사는 것을 피할 수 없다면, 어떻게 하면 거꾸로 이 역설들에 더욱 적극적으로 대응할 수 있을까?

이 연구는 위와 같은 질문에 보다 체계적으로 답하기 위한 시도로서 지난 2010년부터 시작되었다. 저자들은 근거이론(grounded theory) 접근방법을 사용하여 많은 사례와 선행연구를 분석하였고, 이 데이터들에서 공통적으로 나타나는 개념과 차원들의 질서 있는 패턴을 발견하고자 했다. 이러한 분석의 결과로 '실패관리(Failure Management, FM)'와 '성공관리(Success Management, SM)'라는 두 가지 개념으로 요약할 수 있는 프레임워크를 만들어 제안하였다. 요약하면, 실패관리는 '실패(즉, 현실이 목표나 기대보다 열등한 상태)의 이로운 점을 체계적으로 인식하고 이용하는 방법'이며, 성공관리는 '성공(즉, 현실이 목표나 기대보다 우월한 상태)의 해로운 점을 체계적으로 인식하고 막는 방법'으로 정의

될 수 있다.

저자들은 위와 같은 작업을 통해 경영리더/실무자 및 MBA학생을 주요 독자로 하는 영문학술지(SSCI)인 Organizational Dynamics를 통해 수년에 걸쳐 3개의 논문을 발표하였다. 이 책은 학술지를 접할 기회가 적은 독자들을 위해 그 논문들을 국문으로 번역하고 이를 종합정리한 추가 챕터를 한데 묶어 출간한 것이다.

이 책에서 소개하는 내용들은 이미 많은 학자들과 일선경영자들이 널리 논의해왔고 일반인들도 익히 경험해온 상식들이다. 오히려 이 책에서 제시하는 프레임워크의 가장 큰 장점이라면, '실패관리' 및 '성공관리'라는 단어 그 자체일 것이다. 이 책에서 소개하는 프레임워크의 구체적인 원리나 사례를 잘 알지 못하거나 기억하지 못하더라도, '실패관리'와 '성공관리'라는 두 개의 새로운 단어를 기억하고 염두에 두고 사는 것만으로도 큰 의미가 있으리라 생각한다. 이 단어들이 우리가 세상을 바라보는 새로운 렌즈 또는 프레임을 제공해주기 때문이다.

본 연구는 주로 기업경영 분야의 사례들을 중심으로 수행되었지만, 실패관리와 성공관리의 프레임워크는 개인이나 사회 어느 분야에서나 다양하게 적용이 가능할 것으로 믿는다. 아무쪼록 이 책이 '역설을 통한 역동적 지속가능성(dynamic sustainability through paradoxes)'을 추구하는 분들에게 작은 참고가 되기를 소망한다.

감사의 글

본서 2장과 3장의 연구는 대한민국 교육부, 한국연구재단(NRF-2016S1A3A2924956), KDI국제정책대학원의 지원을 받아, 그리고 4장과 5장의 연구는 KDI국제정책대학원의 지원을 받아 수행되었습니다.

본서 1, 2, 3장에 실린 논문들의 취지와 내용을 면밀히 심사하고 게재를 허락해준 영문학술지 Organizational Dynamics와 익명의 심사자분들, 그리고 흔쾌히 출판을 허락해주시고 편집과 출판과정을 정성껏 살펴주신 박영사 관계자분들께 감사의 마음을 전합니다.

실패관리와 성공관리에 대한 영감을 심어주신 곽선희 목사님, 실생활에서 실패관리와 성공관리의 모본을 보여주시는 사랑하는 가족들, 그리고 이 주제에 대해 지혜를 나누어 주신 은사님, 동료분들, 많은 세미나에서 귀한 의견을 나누어 주신 모든 분들께 감사드립니다.

저자를 대표하여
이준수

차례

CHAPTER 01

기업가들의 실패관리 ••• 이준수, 폴 마이싱

실패로부터 혜택을 누리기 ·· 1

우리는 왜 실패로부터 배우는가 _1

우리는 어떻게 실패로부터 배우는가 _3

우리는 실패로부터 무엇을 배우는가—과거 지향적 관점 _4

우리는 어떻게 실패를 활용하는가—미래 지향적 관점 _5

실패관리를 향하여 ·· 5

실패관리의 기본 체계 ·· 7

정의와 개념 _7

실패관리의 명제들 _8

실패관리와 기존 관리방법들의 비교 ································· 19

결론 ·· 21

참고문헌 _23

부록 1 실패관리의 명제들 _26

부록 2 위험(risk), 위기(crisis), 실패(failure)/성공(success)의 구분 _27

CHAPTER 02

실패관리를 위한 전략과 준비: 뒤늦은 깨달음에서 선견지명으로

• • • 이준수

실패관리 소개 ·· 29

실패관리를 넘어서 ·· 30

질문1. 실패를 과거지향적으로 그리고 미래지향적으로 활용하기 위해 어떤

전략들을 창조할 수 있을까? ·································· 31

제1요인: 어떻게 실패에 반응하는가? _32

제2요인: 실패로부터 어떤 기회들을 얻을 수 있는가? _33

실패관리 전략의 스펙트럼: 과거지향적, 또는 미래지향적 접근방법 _35

실패에 대응하는 네 가지 전략옵션 _36

질문2. 실패를 활용할 준비가 얼마나 잘 되었는지 어떻게 평가할 수 있을까? ····· 41

실패로부터 배우기 위한 다섯 가지 단계 _41

제1요인: 실패를 사전에 예견할 수 있나? _42

제2요인: 실패의 혜택을 사전에 인지할 수 있나? _43

실패관리를 위한 세 가지 종류의 준비 모델 _43

실패관리의 세 가지 준비 모델이 적용되는 맥락들 _48

실패관리: 숨겨진 축복과 함께 일하기 ······························· 49

참고문헌 _51

성공관리: 성공의 함정을 넘어 역동적 지속가능성으로

• • • 이준수, 이승주

성공, 지속가능한 경영의 걸림돌 ·· 53

성공의 함정 1: 내부 의사결정의 왜곡 ································· 54

   인지 _54

   목표 설정 _56

   추론, 귀인(歸因) _58

   내부 관계 _60

   투자 _61

성공의 함정 2: 외부 환경과의 부정적 관계 ························ 63

   고객 _63

   공급자, 협력자 _65

   일반 대중 _66

   규제자, 경쟁자 _66

성공의 함정에 대한 처방 ··· 68

   성공관리에 있어서 조직의 목표 _68

   조직 관리를 위한 '명사': 전략과 검증 _69

   조직 관리를 위한 '형용사': '전략과 검증'의 특성 및 방향 _70

실패관리를 통한 성공관리 ··· 78

참고문헌 _81

CHAPTER 04

균형적 SWOT: 실패관리와 성공관리의 관점에서 바라본 SWOT 분석
• • • 이준수, 이승주, 정권

SWOT 분석에 대한 재고찰 ································· 83

실패관리와 성공관리 ··································· 85

  실패관리(Failure Management, FM) _85

  성공관리(Success Management, SM) _86

FM과 SM을 통하여 균형적인 SWOT 분석하기 ··········· 87

실패관리를 통한 균형적 SWOT 분석 ················· 88

  실패의 긍정적인 영향 다루기 _88

  사례1: iPhone 4s _89

  사례2: 포스트잇 _90

  사례3: 미-소 우주 경쟁 _91

  사례4: 유도 경영 _93

성공관리를 통한 균형적 SWOT 분석 ················· 95

  성공의 부정적인 영향 다루기 _95

  사례1: CVS _95

  사례2: 테슬라 _97

  사례3: 코스트코 _98

  사례4: 윈스턴 처칠 _99

'기회의 창'을 열기 위한 균형적 SWOT 분석 ············· 101

참고문헌 _103

CHAPTER 05

역설관리: 실패성공관리의 난제와 대안

••• 이준수

서론 ·· 105

조직의 역설적인 상황을 관리하기: 실패성공관리(FSM) ····················· 106

실패관리(Failure Management, FM) _106

성공관리(Success Management, SM) _107

조직 실패관리의 난제들 ·· 109

실패는 절대 허용 안 된다 _110

실패는 필요악이다 _110

지속가능성에는 다양한 정의(定義)가 있다 _111

정의(正義)에는 다양한 정의(定義)가 있다 _112

조직 성공관리의 난제들 ·· 113

조직학습이 미흡하다 _113

조직학습이 지나치다 _115

당신의 성공관리는 내가 알 바가 아니다 _115

나의 성공관리는 당신이 알 바가 아니다 _116

실패성공관리 난제들을 위한 대안 ·· 117

육하원칙(5W1H) 접근방법 _117

지식창출을 위한 조직플랫폼 _121

지식공유를 위한 조직플랫폼 _122

지식전달을 위한 조직플랫폼 _124

지식적용을 위한 조직플랫폼 _124

결론: 역설을 통한 역동적 지속가능성 ·· 127

참고문헌 _129

맺음말 _131

찾아보기 _133

01 기업가들의 실패관리*
이준수, 폴 마이싱

실패로부터 혜택을 누리기

기업가들은 실패의 덕을 볼 수 있을까? 만약 그것이 가능하다면, 어떻게 하면 실패를 체계적으로 이용할 수 있을까? 본 장은 이 간단한 질문에 대한 탐구이다. 이 질문에 답하기 위해 우리는 우선 다음과 같은 질문에 대한 기존 이론들을 소개하고자 한다: 1) 우리는 왜 실패로부터 배우는가; 2) 우리는 어떻게 실패로부터 배우는가; 3) 우리는 실패를 회고하면서 무엇을 배우는가; 4) 우리는 어떻게 미래지향적으로 실패를 이용하는가. 이와 같은 질문들에 대한 기존 이론들을 소개한 이후에는 실패관리와 관련된 연구질문을 제시하고자 한다.

우리는 왜 실패로부터 배우는가

조직이 얼마나 잘 관리되는지에 관계없이, 어느 정도의 실패는 피

---

* 본 장의 원문은 다음과 같다. Lee, J., & Miesing, P. (2017). How Entrepreneurs Can Benefit from Failure Management. *Organizational Dynamics*, 46(3), 157–164. https://doi.org/10.1016/j.orgdyn.2017.03.001.

할 수 없고 심지어 보편적이라고 할 수 있다. 미국 인구 통계국(Census Bureau) 자료에 따르면 매년 약 400,000개의 기업이 새로 시작되는 반면, 매년 47만여 개의 기업이 실패하는 것으로 나타난다. 이러한 높은 실패 확률은 모든 산업 전반에 걸쳐 크게 다르지 않다. 어떠한 산업 분야에서도 창업 후 4년 후에는 60% 이상의 생존율을 보이지 않는다.

이처럼 사업의 실패가 보편적인 현상인 것과 더불어, 우리가 실패로부터 배울 수 있다는 주장은 수많은 경영학자 및 실무자들 사이에 널리 공유되고 있다. 간단히 말해, 실패는 우리에게 무엇이 효과적인지, 무엇이 그렇지 않은지를 가르쳐준다. 즉, 실패는 조직의 다양한 활동 안에 숨어있는 인과관계들과 결함들을 드러내어 더 정확한 방식으로 일할 수 있도록 도와준다. 우리 인간의 제한된 합리성을 고려할 때, 우리가 실패로부터 배우는 것은 아마도 현실 속의 진정한 인과관계를 배울 수 있는 유일한 방법일 수도 있다.

요약하면, 조직들은 실패를 분석하고 실패로부터 배움으로써 발전한다. 구체적으로 말하면, 실패는 내부공정의 신뢰도를 향상시키고, 실패 관련 비용을 줄이는 데 도움이 될 수 있으며, 특히 시행착오에 대한 학습을 통해 사업 포트폴리오(portfolio)를 개선하는 데 도움이 될 수 있다. 이에 따라 실패를 혁신 과정의 중요한 요소로 여기는 많은 처방들이 제안되어 왔다. 요컨대, 학습은 성공보다 실패에서 더 효과적으로 이루어진다. 즉, 성공을 하면 그냥 그 자리에 머물러 있겠지만, 실패는 전략적 방향과 실행을 개선하는 데 도움을 준다.

우리는 어떻게 실패로부터 배우는가

실패로부터 배울 수 있다는 많은 증거가 있음에도 불구하고, 실패로부터 '무엇을 배우느냐'는 '어떻게 배우느냐'에 따라 달라질 수 있다. 즉, 실패로부터의 학습을 촉진하는 조건들은 다음과 같이 세 가지(학습 과정, 학습 촉진자, 학습 장벽)로 분류될 수 있다.

첫째, 실패로부터 성공적으로 배우는 데 있어 '학습 과정'이 중요하다. 이는 실패로부터 배워 지식을 생성하는 절차적인 측면이 중요하다는 의미이다. 실패로부터 배우기 위해서는 실패의 식별, 실패의 분석, 교훈에 대한 확인과 실험 등의 학습 절차를 거치게 된다. 이러한 학습의 체계적인 과정 외에도, 실패로부터 배우기 위해서는 인간의 심리적이고 인지적인 특성도 고려되어야 한다. 왜냐하면 실패를 인식하고 인정하는 과정에는 인간의 감정이 밀접하게 연관되어 있기 때문이다.

둘째, 우리가 실패를 통해 배우도록 촉진하는 데에는 조직체계와 문화적인 요소도 중요하다. 즉, 우리는 실험을 소중히 여기는 조직체계와 문화를 배양함으로써 실패로부터 더욱 잘 배울 수 있다. 우선 조직체계의 측면에서, 전략적인 기획/관리 체계는 실패학습에 있어 매우 중요하다. 그리고 조직의 문화적인 측면에서는, 조직이 쇠퇴하는 징후에 대해 민감하게 반응할 수 있어야 하며, 실패를 자연스럽게 받아들이고 유연하게 대응하는 조직문화가 조성되어야 한다.

셋째, 실패로부터의 배움을 가로막는 장벽들 또한 중요하게 고려해야 한다. 예컨대, 실패로부터 배우는 것을 방해하는 여러 가지 장벽들(기술적, 사회적, 개인적, 조직적)이 있는데, 특히 표본 데이터나 사례로부터 잘못된 추론을 하거나 실패 원인을 잘못 해석하는 등의 인지적 장벽에 주의해야 한다.

우리는 실패로부터 무엇을 배우는가―과거 지향적 관점

우리가 실패로부터 배우는 교훈은 실패의 과정에 대한 것뿐 아니라 실패의 원인에 대한 귀인(歸因)을 포함한다. 귀인이란 사건의 원인을 추적하여 현재를 직시하고 시정조치를 통해 미래를 관리하려는 시도다. 간단히 말해서, 우리가 실패로부터 배운다는 것은 과거의 실패를 미래에 되풀이하지 않고 오류를 바로잡기 위해 실패의 원인을 밝히는 행위이다. 따라서 실패의 원인을 조사하는 것은 기본적으로 실패한 사건의 과거 또는 근원에 초점을 두기 때문에, 자연스럽게 과거 회고적인 성격을 가진다.

그렇다면, 무엇이 실패를 야기하는가? 스톤(Stone)의 2011년 연구에 따르면, 두 가지 요인―실패의 원인이 된 행위가 의도적인지 여부, 그 행위의 결과가 의도적인지 여부―의 조합에 따라서 네 가지 종류의 실패(기계적, 사고적, 의도적, 우발적)로 나눌 수 있다. 실패의 원인에 대한 또 다른 관점에 따르면, 리더십 부족, 조직 문화에 대한 무지, 팀워크의 불균형, 또는 리더십/능력/조직 설계 간의 부적절한 조합과 같은 원인들로 인해 실패가 발생할 수 있다. 한 가지 주목할 만한 사실은, 기업가들의 무능이나 경험 부족이 태만, 사기, 재난 등보다 더 흔한 실패의 원인이라는 것이다.

또한, 잘못된 귀인의 문제는 많은 분야에서 종종 목격된다. 예를 들어, 사람들은 자신의 성공을 자기 자신이나 내부적 요인에 돌리는 경향이 있으며, 동시에 자신의 실패를 외부 요인에 돌리는 경향이 있다. 반대로, 우리는 다른 사람들의 성공을 외부환경 탓으로 돌리고, 그들의 실패는 그들 자신 때문이라고 생각하는 경향이 있다.

우리는 어떻게 실패를 활용하는가—미래 지향적 관점

실패의 원인에 대한 과거지향적 접근법과 달리, 또 다른 접근법은 실패한 사건이 미래에 가져다주는 유익한 영향에 더 중점을 둔다. 다만, 과거지향적으로 실패의 원인을 수정하는 행위도 결국은 미래를 위한 계획에 활용되기 때문에, 실패에 대한 과거지향적 관점과 미래지향적 관점은 상호 배타적이지 않다는 점에 유의해야 한다. 그러나 여전히 이 두 가지 관점은 실패에 대해 서로 다른 시각을 제공하는 것이 사실이다. 다시 말해서, 실패에 대한 미래지향적 관점은 (실패의 과거 원인에 관계없이) 우리가 실패를 이용하여 새로운 기회를 찾는 데 더 많은 주의를 기울이도록 도와준다.

실패관리를 향하여

앞에서 검토한 바와 같이, 실패에 대한 지금까지의 논의들은 다음과 같은 중요한 숙제를 남기고 있다: '우리는 어떻게 실패를 사전에 그리고 체계적으로 이용할 수 있는가.' 다시 말하면, 기존의 이론이나 실용적 조언들은 실패와 역경이 가져다주는 미래의 편익을 포괄적으로 설명하는 데 부족함이 있었다. 이에 따라, 실패를 창조적으로 활용하기 위해서는 사후적이고 즉흥적인 노력에 주로 의존할 수밖에 없었다. 그러나, 실패와 역경을 이용하는 방법에 대해 보다 체계적인 정리가 가능하다면, 이는 이론적인 틀로서 뿐만 아니라 전략적 의사결정을 위한 경험적 틀로서도 사용될 수 있을 것이다.

이러한 목적을 염두에 두고, 이 연구는 '실패의 미래지향적 사용법'을 위한 틀을 제공하고자 한다. 본 장은 실패에 부딪히는 개인이나 조직이 창의적인 의사결정을 하는 방법을 담은 실패관리(Failure Management, FM) 프레임워크를 소개한다. 구체적으로 우리는 다음과 같은 질문에 답하고자 한다.

1. '실패' 및 '실패관리'와 같은 주요 개념은 어떻게 정의될 수 있는가? 우선 성공과 실패의 기본 개념을 조작적으로 정의하는 것으로부터 시작하고자 한다. 이어 실패를 이용하는 새로운 관리방법으로서의 실패관리 개념도 소개한다.

2. 실패의 유형에는 무엇이 있으며, 실패관리에는 어떤 이점이 있는가? 우리는 실패 관리 프레임워크(framework)의 차원, 범주 및 개념들을 밝히기 위해 수많은 사례와 선행연구를 검토하고 분석하였다. 구체적으로는 근거이론(grounded theory) 방법론의 특징인 귀납적/연역적 추론의 반복적 과정을 통해, 3가지의 실패 유형 및 6가지의 실패 활용 목적을 구분하고, 이를 통해 실패관리를 위한 16개의 명제들을 제안하였다.

3. 실패 관리, 위험 관리, 위기 관리 등 서로 유사한 관리방법들 간의 차이점은 무엇인가? 실패 관리의 이론적이고도 실용적인 가치를 분명히 하기 위해, 우리는 위험관리 및 위기관리와 같은 기존의 유사한 관리방법들과 비교하여 실패관리가 가지는 고유한 특성을 밝히고, 더 나아가 실패관리가 기존 관리방법들

을 보완하는 방법을 소개한다.

실패관리의 기본 체계

정의와 개념

실패로 정의될 수 있는 사건은 매우 많다. 운용상의 작은 오류에서부터, 비행기 추락 및 대규모의 사고와 같은 재앙에 이르기까지 다양한 형태의 실패가 있다. 우리가 실패를 판단하기 위해 사용하는 기준이나 목표가 매우 다양한 만큼 실패의 정의 또한 다양하다. 특히 조직의 성공과 실패는 그 기준이 되는 목표나 지표가 정치적인 의사소통 과정을 거쳐 정해지기 때문에 그 정의가 더욱 어려워진다.

그러나 성공과 실패를 정의하기 위해 조직의 공식/비공식적인 목표를 설정하는 정치적인 역학 관계는 이 연구의 범위를 넘어선다. 이 연구에서는 성공이나 실패를 목표의 설정/달성/평가를 둘러싼 절충과 협상의 블랙박스로부터 도출된 결과로 간주한다. 구체적으로 이 연구에서는 성공과 실패를 다음과 같이 정의한다. (1) 성공은 '현실이 목표나 기대보다 우월한 상태'이다. (2) 실패는 '현실이 목표나 기대보다 열등한 상태'이다. 이 조작적 정의에 따르면, 본 연구에서 '실패'라는 단어는 완전한 손실이나 파산을 의미할 뿐만 아니라, 현실이 예상보다 더 나쁘게 된 상태, 즉 좌절, 갈등, 후회 등과 같은 상태도 포함한다. 마지막으로, (3) 실패 관리는 '실패를 최대한 활용하고자 하는 체계적 방법'으로 정의된다.

본 연구에서는 근거이론 방법론을 사용하여 포괄적인 표본 추출 및 분석을 수행한 결과, 실패관리 프레임워크의 2가지 차원이 발견되었다. 첫 번째 차원은 실패의 유형(그리고 그것의 부작용)이다. 실패의 조작적 정의(즉, 현실이 목표에 미치지 못하는 상태)에 따르면, 내부/외부 환경에 있어 3가지 유형의 열등한 현실(부족, 과잉, 비일관성)이 존재할 수 있다. 두 번째 차원은 실패를 이용하는 총 6가지의 목적으로서, 이 중에서 첫 번째 3가지 목적(내부 자원 보존, 내부 위험 개혁, 새로운 지식 습득)은 실패에 직면하여 내부 환경을 적응시키기 위한 노력이다. 그 다음 4가지 목적(새로운 지식 습득, 외부 위협 억제, 외부 지원 유인, 여러 세력 간의 상호보완)은 실패를 통해 외부 환경에 영향을 미치려는 시도들이다. 여기에서 주목할 만한 점은, '새로운 지식 습득'은 내부적응 및 외부적응에 둘 다 적용된다는 사실이다. 이는 실패로부터의 학습 대부분은 실패와 관련된 내부 및 외부 이해관계자 모두에게 공유되기 때문이다.

우리는 본 연구를 통해 실패의 3가지 유형과 실패를 이용하는 6가지 목적이 결합하여 16가지의 혜택으로 이어질 수 있다는 것을 발견했다. 즉, 조직이 실패와 역경에 대응하고 이용할 수 있는 방법에는 16가지가 있으며, 이와 같은 실패의 16가지 혜택을 포괄적으로 요약하면 부록에 있는 표와 같다. 이하에서는 실패의 혜택들을 각각 명제 형식으로 표현하고 이에 대해 상술한다.

실패관리의 명제들

》 **명제 1**

실패(부족, 과잉, 비일관성)는 극한 조건에서의 실험실과 같은 역할을 할 수 있다.

실패는 어떤 변수의 특성이나 속성을 시험하고 학습할 수 있는 극한 조건을 제공해준다. 간단히 말해서, 실패는 무엇이 효과가 있고 무엇이 효과가 없는지를 가르쳐준다. 실리콘 밸리에 있는 'FailCon'이라는 기업은 기업가들이 실패로부터 배우는 것을 돕는 새로운 비즈니스 모델을 가지고 운영되고 있다. 많이 알려진 바와 같이, 애플(Apple)의 OS X(10)이나 아이폰(iPhone)의 성공은 스티브 잡스가 과거에 겪었던 NeXT 컴퓨터나 아이튠즈(iTunes)의 실패에 기반하여 이루어진 것이다. 또 다른 예로 2009년에 대규모 품질관리 문제에 직면했던 도미노피자(Domino pizza)는 발빠른 사과와 전면적인 개혁을 통하여 극적으로 성장했다. LED TV나 PDA 등 소비여건이 미처 조성되기 전에 시장에 출시되어 실패했던 소니(SONY) 제품들은 소비자들이 새로운 기술에 익숙해지도록 만드는 역할을 맡아 미래의 구매 의욕을 높였다. 2012년 한국의 분식 체인점 '조스 떡볶이'는 직원들의 무례한 태도에 대한 고객 불만이 이슈가 되자 CEO가 즉각적인 사과 성명을 발표하고 모든 직원들을 대상으로 엄격한 재교육을 약속했다. 이렇게 신속하고 성실한 대응 덕분에 고객들의 관심은 더욱 높아졌고 체인 브랜드의 신뢰성을 입증하는 계기가 되었다.

》 명제 2

부족함 덕분에 열등한 기회를 날려버림으로써 자원을 절약할 수 있다.
자원이 부족하여 기회를 놓치게 될 경우, 실제로는 별로 좋지 않았던 기회를 날려버림으로써 소중한 자원을 절약할 수 있는 계기를 만들 수 있다. 이와 비슷하게, 경쟁에서 뒤쳐진 후발주자는 오히려 선발주자의 시행착오를 통해 간접적으로 많은 것을 배울 수 있다. 1950년대 초에 록히드(Lockheed)는 미국의 방위고등연구계획국(DARPA)이 제안한 새로운 폭격기 개발 프로젝트에 참여했지만 정부 보조금을 받기에는 참여 시기가 너무 늦었기 때문에 스스로 자금을 조달해야 했다. 그 결과, 록히드는 자체적으로 개발한 새로운 기술개발로부터의 막대한 이익을 사유화할 수 있었다. 삼성은 스마트폰 운영체제(Operating System, OS)에 있어서 세계 표준을 정립하는 데에는 실패했지만 구글(Google)의 OS인 안드로이드(Android) 체제를 사용하는 대신에 회사의 자원을 하드웨어 개발에 쏟아부어 업계를 선도하는 통신기기를 만들 수 있었다.

》 명제 3

과잉은 더 나은 기회를 위해 활용될 수 있다.

잉여 자원은 새로운 목적을 위해 사용될 수도 있고, 그동안 감추어져왔던 자산은 재평가되어 새로운 기회를 위해 사용될 수도 있다. 많이 알려진 것처럼, 뉴욕(New York) 맨해튼 중심부에 오랫동안 버려졌던 철로는 도시 속의 오아시스로서 재탄생되었다. '하이 라인(The High line)'이라고 이름이 붙여진 이곳은 새로운 공원이 됐을 뿐만 아니라 어린이 교육 및 지역 경제 성장을 활성화하는 새로운 명소가 되었다. 이와 비슷하게, 독일의 Tropical Islands Resort는 한때 파산한 비행선 회사의 낡은 격납고였으나, 현재는 실내 해변 휴양지로 새롭게 재활용되어 명성을 얻고 있다. 우버(Uber) 택시와 에어비앤비(Airbnb) 등은 그동안 그 가치가 무시되어 왔던 고정자산을 개인들 간에 직접 거래하도록 촉진함으로써 '공유경제'라는 새로운 비즈니스 모델을 제시하였다. 한때 국내 최대 규모였던 한국의 김포공항은 인근의 인천공항이 문을 연 뒤 이용객이 줄어들면서 새로운 쇼핑공간으로 탈바꿈하고 새로운 명소로 재탄생하였다.

📎 명제 4

비일관성은 자원을 보존하고 위험을 분산시키는 데 도움이 될 수 있다.

자원이나 정보의 일관되지 않은 패턴은 위험을 줄이는 데 도움이 될 수 있다. 예를 들어, 제품, 고객, 시장, 공급업체, 기술 등을 다양화 혹은 다각화하는 것은 예상치 못한 환경 변동에 대한 대비책이 될 수 있다. 예컨대 인사제도에 있어서 시간제 근무자를 고용하는 것은 고용주가 비용을 절감하는 동시에 직원들이 유연성을 갖도록 하는 데 도움을 준다. 적절하게 사용된다는 전제하에, 파트타임 직원을 고용하는 것은 구인이 어려운 직책을 채우거나 유능한 직원을 모집/유지/고용하는 것에 도움을 줄 수 있다. 또 다른 예로, 베스트셀러인 넛지(Nudge)의 저자들은 강제력을 사용하지 않고도 사람들의 순응을 이끌어내기 위하여 '넛지'의 사용을 제안한다. 예컨대 정부는 캠페인이나 암시적인 메시지 등 간접적인 방법을 활용하여 시민들의 행동을 특정 방향으로 유도할 수도 있는데, 비록 그것이 직접적인 규제와 같이 시민들을 일사분란하게 통제하지는 않을지언정, 여전히 시민들의 순응을 유도하면서도 그들의 자유를 보장하기 때문에 더욱 효과적인 정책수단이 될 수 있다. 이와 같은 비일관성의 이점은 동맹을 관리하는 방법에서도 찾을 수 있다. 즉, 동맹을 맺은 회원들 사이에서 애매하게 정의된 공통의 목표는 회원들마다 여러 가지 방식으로 해석할 수 있기 때문에, 오히려 동맹 목표의 모호성은 다양한 이해관계를 가진 회원들을 계속해서 묶어주는 데 도움이 될 수 있다.

📎 명제 5

부족함은 효과성과 효율성을 개선하는 데 도움이 될 수 있다.

자원이 부족하면 해롭거나 불필요한 낭비를 제거하게 된다. 이는 부족함이 효율성과 내부단합을 재촉하기 때문이다. 예를 들어, 일본의 코마쓰

(Komatsu)는 1967년 불도저 업계의 최대 업체인 케터필러(Caterpillar Inc.)에 맞서 '케터필러를 전면 포위하자'라는 의미의 Maru-C라는 전투적인 슬로건을 가지고 미국 시장에 진출했다. 이와 비슷하게, 널리 알려진 '콜라 전쟁' 동안 펩시(Pepsi)는 '코카콜라(Coca Cola)를 무너뜨리자(Beat Coke)'라는 사명을 가지고 경쟁에 임했다. 기업이 성공해도 일부러 허리띠를 졸라매어 자만심을 부추기지 않도록 하는 것 또한 가치 있는 일이다. 예를 들어, 많은 경제전문가들은 삼성의 계속된 성공은 지속적인 혁신을 강조하는 '일관적인 위기의식' 때문이라고 분석한다. 실제로 삼성전자가 2013년 1분기에 사상 최대 이익을 냈을 때조차 삼성은 자축하기보다는 직원들이 격변하는 글로벌 시장에서 위기의식을 잃지 않도록 강조했다. 베스트셀러 Nudge에서 소개하는 새로운 사업 아이템 중 하나인 stickk.com은 고객회원들이 사전에 회사와 합의된 개인적인 결심(예를 들어 금연이나 운동)을 달성한 이후에만 저축한 돈을 회수할 수 있도록 함으로써 고객들이 특정 행동을 취하도록 돕는 새로운 비즈니스 모델을 제안하고 있다.

≫ 명제 6

과잉은 혁신을 자극하는 데 도움이 될 수 있다.

어려운 당면 문제를 해결하려는 시도는 그 자체가 혁신의 자극제가 될 수 있다. '크고 아슬아슬하고 대담한 목표(Big Hairy Audacious Goal)', 즉, 흔히 BHAG으로도 불리는 '과대 목표'의 설정은 조직의 자원 효율을 높이고 창의성과 혁신을 촉진함으로써 조직 성과에 도움이 될 수 있다. BHAG은 구성원들이 높은 헌신을 가지고 심리적인 안전지대에서 벗어나 일하도록 함으로써 팀 정신을 강화하고 통찰력 있는 목표를 만들도록 돕는다. 베스트셀러 '성공하는 기업들의 8가지 습관(Built to Last)'의 저자인 콜린스(Collins)와 포라스(Porras)는 성공 후에 조직 내에 만연할 수 있는 '이 정도면 충분하다'라는 의식을 경계한다. 그들은 사업에 있어서 '결승점'이라는 개념을 거부하고, 그 결과에 결코 만족하지 않는 회사를 좋은 회사로 정의한다. 예컨대, 루이뷔통(Louis Vuitton)은 다른 유사업체들이 만들어내는 모조품과 위조에 대응하여 계속적으로 새롭고 독특한 것을 개발해냄으로써 지속적인 성공을 이어가는 것으로 잘 알려져 있다.

» 명제 7

비일관성은 현상유지에 도전하고 편견을 깨는 데 도움이 될 수 있다.

불안정한 환경은 우리가 관성에 따르는 것을 방지함으로써 창의성과 준비성을 지속시키는 데 도움을 준다. 기업경영에 있어서도 비일관성의 유익한 영향을 볼 수 있다. 예를 들어, 고객의 요구와 수익 성장 사이의 불균형은 기업들로 하여금 광범위한 전략을 고안하도록 만들고, 갈등은 새로운 지식을 개발하는 씨앗이 될 수 있으며, 불안정한 환경 조건들은 변화를 촉진하는 데 도움을 줄 수 있다. 시계산업의 경우, 파괴적이고도 새로운 전자시계 기술의 출현은 시계시장을 레드오션으로 몰고 갔는데, 이러한 새로운 환경은 전통적인 기계식 시계 제조업체들이 여전히 기계식 시계를 선호하고 소중히 여기는 많은 고객들을 새롭게 발견하고 그들을 위한 틈새시장을 새롭게 정의하고 개척하는 데 도움을 주었다.

» 명제 8

부족함은 위험 또는 외부 위협을 줄이는 데 도움이 될 수 있다.

부족한 자원은 적들의 약탈 의지와 능력을 누그러뜨리는 데 도움이 될 수 있다. 스티브 잡스(Steve Jobs)의 사망 전에 출시되었던 아이폰

4S(iPhone 4S)는 전작에 비해 혁신성이 떨어진다는 이유로 소비자로부터 많은 비판을 받았지만, 애플은 아이폰 4S를 스티브의 마지막 유작으로 내세움으로써 소비자들의 불만을 잠재우는 데 성공했다. 그 결과 아이폰4S 판매는 실제로 그의 죽음 이후 폭발적으로 증가했다. 2012년 도요타(Toyota)는 전문가들의 예상보다 훨씬 적은 연 1,000만대 미만의 자동차를 판매하겠다고 비관적인 전망을 발표했다. 그러나 많은 업계 전문가들은 그와 같은 도요타의 몸 낮추기는 미국 제조업체들이 도요타를 견제하는 것을 누그러뜨리기 위한 의도적인 시도라고 분석하였다.

≫ 명제 9

반대세력의 과잉 자원은 그들의 관성이나 몰입을 역이용하는 데 도움이 될 수 있다.

기업들은 우월적인 힘을 가진 라이벌 기업을 만날 경우, 그 힘에 상응하는 관성이나 몰입을 역이용해 반격을 가할 수 있다. 무술의 일종인 유도를 예로 들어보면, 상대편의 몸집이 크고 무거울수록 그 몸무게를 역이용하여 쉽게 무너뜨릴 수 있다. 사업 경쟁에서도 기업들은 경쟁자의 과도한 추진력과 그에 상응하는 관성이나 몰입을 역이용할 수 있다. 이렇게 상대의 관성과 과잉몰입을 활용한 소위 '유도 경영(judo management)'의 원칙은 고대 중국 병법서인 '손자병법'에서도 중요하게 언급되고 있다.

≫ 명제 10

비일관성은 불안정성을 통해 위협을 억제하는 데 도움이 될 수 있다.

불안정한 상태 또는 일관되지 않고 신뢰할 수 없는 정보를 통해 역으로 위협을 제거할 수 있다. 행동경제학자들은 비일관성이 인간관계에 미치는 영향에 대해 설명하는데, 예를 들어, 불안정한 메시지는 상대방을 혼란스럽게 하고 물러나게 할 수 있다. 실제로 많은 기업들은 그들의 부실한 재정 상황을 이유로 들어 이사회 구성원 중에서 문제가 있는 인물들이 자발적으로 사임하도록 하는 구실로 이용한다. 미국 뉴욕주 앨버니(Albany)의 비영리 단체인 트리니티 연합(Trinity Alliance)은 어려운 경영환경 '덕분에' 성과가 저조한 직원들을 보다 용이하게 정리하고 내부분위기를 일신할 수 있었다. 조금 다른 성격의 예로서, Peace First(구 Peace Games)는 오랫동안 자원봉사자 양성과 어린이 봉사라는 두 가지 목표 간에 갈등을 겪었다. 하지만 이런 상황에서 Peace First는 원래의 창립 목표에서 벗어나 자원봉사자와 파트너 기관들을 활용하여 어린이들이 적극적인 시민 활동을 하는 방법을 배우도록 하는 새로운 비즈니스 모델을 개발했다. 현재 이 단체는 학생들이 사회 변화를 일으키는 문제 해결사가 되도록 가르치고 있다.

❯❯ 명제 11

부족함은 외부의 도움을 이끌어내는 데 도움이 될 수 있다.

자원이 부족하면 이해당사자들의 관심과 호혜적인 도움을 자극할 수 있다. 스티븐 호킹(Stephen Hawking)은 자신의 병이 자신의 책이 더 많이 팔리는 데 도움을 주었다고 고백한 바 있다. 최근의 인적자원관리 분야 연구들에 따르면, 능력이 부족한 직원들은 자신을 뽑아준 회사에 부채의식을 느낄 뿐 아니라 충분한 능력을 가져 자만하기 쉬운 직원들보다 오히려 더 열심히 일하는 경향이 있다는 것을 보여준다. 또 다른 종류의 예로, 자원의 희소성은 곧 그 자원의 가치를 의미하기 때문에, 수량이 한정된 상품은 종종 강력한 광고 수단으로 사용된다. 이를 이용하여 '역심리학 마케팅(reverse psychology marketing)'에서는 의도적으로 부족한 정보를 이용하기도 하고, '이처럼 저렴한 가격은 오늘 뿐입니다!'와 같은 광고 메시지를 통해 제한성 또는 희소성을 강조해 고객의 호기심과 구매욕구를 자극한다. 어느 일본 호텔은 '우리는 싸구려 호텔입니다'와 같은 자극적인 광고문구를 통해 적당한 품질의 저가 상품을 찾는 고객들을 끌어 모을 수 있었다. 스티브 잡스의 후임자인 팀 쿡(Tim Cook)은 매우 성공한 애플(Apple)을 이어받았지만 더 광범위한 고객을 끌어들이기 위해 아이패드 미니(iPad mini)와 같은 저가 상품으로 초점을 옮기기로 결정한 바 있다. 또 다른 예로, 고급 백화점들은 일부 유명 고객에게만 신제품 정보를 알려주는 이른바 '비밀 마케팅' 방식을 채택하고 있다. 이런 전략은 그들 사업의 사치스러운 이미지를 유지하는 데 도움이 되고, 또한 비밀 마케팅에서 소외감을 느끼는 사람들로부터 더 많은 관심을 이끌어내기도 한다.

≫ 명제 12

과잉은 관심을 끌거나 새로운 요구를 충족시키는 데 도움이 될 수 있다.
과하거나 터무니없이 이상한 것들은 때때로 새로운 이익을 창출하는 데 도움이 될 수 있다. 소비자들은 독특하고 검증되지 않은 제품을 구매하는 것을 주저하기 때문에 새로운 제품 시장에서 독점력을 갖는 것은 오히려 고객들에게 흥미를 주지 못할 수도 있다. 이와는 반대로, 여러 업체들과 경쟁하는 과정을 통해 고객들은 그 아이템을 친숙하게 느끼게 될 수 있다. 예를 들어, 몇 해 전 삼성은 애플과의 소송전을 '버즈 마케팅(buzz marketing)'의 기회로 활용했다. 뉴스를 통해 애플과 삼성 간의 소송과 갈등을 지켜본 사람들은 삼성을 애플의 강력한 경쟁자로 인식하게 되었고, 그 결과 삼성의 브랜드 인지도는 크게 상승했다. 아이보리(Ivory) 비누의 탄생에 관한 일화는 유명하다. 생산 과정에서 비누에 너무 많은 공기를 잘못 주입한 덕분에 물에 뜨는 비누가 만들어졌고, 이로 인해 가벼운 비누를 선호하는 새로운 고객들을 끌어들였다고 전해진다. 이와는 다른 예로, 패션과 같은 고급 상품 시장에서는 높은 가격을 책정함으로써 오히려 '튀는 소비'를 하고자 하는 고객들을 끌어들일 수도 있다.

» 명제 13

비일관성은 외부의 지원을 자극하는데 도움이 될 수 있다.

불안정한 환경은 외부의 지원을 자극하거나 활성화하기 위해 활용될 수 있다. 네트워크 관점에서 볼 때, 격동적인 환경은 오히려 협력을 자극할 수 있다. 캐나다의 키친어워털루(Kitchener-Waterloo) 지역과 핀란드의 오울루(Oulu) 지역은 각각 블랙베리(Black Berry)와 노키아(Nokia)의 실패와 많은 해고로 인해 인적자원의 잉여를 경험했던 도시다. 하지만 많은 해직자들이 각각 독립적으로 기술벤처사업을 시작함으로써 지역 경제를 새로운 방법으로 활성화시키는 데 실제로 도움을 주고 있다.

» 명제 14

부족함은 보완적인 힘을 얻고 육성하는 데 도움이 될 수 있다.

자원이 불충분하면 이를 보상하는 외부 자원이나 기회를 창출하여 결국에는 조직 내부와 외부가 함께 성장하는 데 도움이 될 수 있다. 생태학적 관점에서 보면, 시스템의 부분적인 희생은 전체 시스템이 지속하는 데 도움이 된다. 예를 들어, 최근 일본 게이레츠(Keiretsu)와 한국 재벌 기업들은 산업계 공동의 가치를 창출하기 위해 협력을 도모하고 있는데, 대기업과 중소 하청업체들 사이의 이익공유를 통해 장기적인 공생관계를 조성하고 있다. 이와 유사하게 외식사업 분야에서 식당들은 그들의 경쟁식당을 그 지역에서 완전히 쫓아내려고 하지는 않는데, 이는 식당들이 밀집한 '클러스터'가 가지는 마케팅 측면의 이익이 상호 경쟁으로 인한 손실보다 크기 때문이다. 2014년 전기차 제조사 테슬라(Tesla, Inc.)는 전기차 시장의 육성을 위해 자사가 보유한 특허를 다른 자동차 생산업체와 공유하기로 결정했다. 이같은 관대한 조치는 테슬라의 기술 경쟁력 및 리더십에 대한 자신감을 알리는 데에도 도움이 됐다.

》 명제 15

과잉은 위협에 대항하여 견제하거나 연합을 형성하는 데 도움이 될 수 있다.

'나의 적의 적은 나의 친구'라고들 한다. 적대적인 외부환경은 공통의 위협에 직면한 경쟁자 간에, 또는 낯선 사람들과의 협력을 촉진할 수 있다. 예를 들어, 미국과 영국은 제2차 세계대전 동안 잠재적인 라이벌인 소련과 동맹을 맺기로 결정했다. 왜냐하면 세 국가 모두 공동의 적인 나치 독일을 물리칠 필요성을 공유했기 때문이다. 또 다른 예로 '덤핑'은 군비 경쟁과 비슷한 성격을 가진다. 왜냐하면 덤핑으로 인해 단기간의 이익을 포기하는 대신 장기적으로는 경쟁자들의 힘을 빼버릴 수 있기 때문이다. 딤비(DIMBY: Definitely in My Backyard) 현상 또한 이러한 논리로 설명될 수 있는데, 사람들은 때때로 불쾌한 시설들이 자신의 거주지 주변에 들어서는 것을 막기 위해 그보다 조금 덜 불쾌한 시설들을 끌어들이려고 한다. 2012년에 삼성전자는 휴대전화 제조업체들이 고객들에게 주는 보조금을 막는 정부의 규제 조치를 환영했는데, 이는 자신보다 경쟁력이 취약한 LG전자를 더욱 약화시킬 수 있는 정책이라고 판단했기 때문이었다.

» 명제 16

**비일관성은 반대 패턴을 통해 또 다른 비일관성을 상쇄하는 데 도움이
될 수 있다.**

오락가락 하는 비일관적인 움직임으로 인한 손실은 그와는 반대 패턴을
가진 또 다른 움직임을 통해 보상될 수 있다. 예를 들어 계절적 판매 증
감이 있는 품목(예: 스키 상품)을 취급하는 상점은 그와는 반대 패턴의
계절적 판매 증감이 있는 품목(예: 테니스 상품)을 동시에 취급함으로써
위험을 피할 수 있다. 글로벌 정보기술(IT) 업체인 인포시스(Infosys)는
여러 국가에 퍼져 있는 자사 오피스들의 시차를 활용해 24시간 내내 원
활한 서비스를 고객에게 제공하는 '글로벌 배송 모델(Global Delivery
Model, GDM)'을 채택했다.

실패관리와 기존 관리방법들의 비교

앞에서 설명한 실패관리의 명제들은 잠시 접어두고, 애초에 왜
'실패관리'라는 새로운 개념이 필요한지에 대해 다시 짚어보고자 한다.
실패관리가 어떤 특성을 가지는지 명확히 이해하기 위해, 위험관리, 위
기관리 및 실패관리 등 세 가지 관리방법들 사이의 관계를 비교하여
요약하면 <그림 1>과 같다.

이 세 가지 관리방법들은 서로 다른 목표와 철학을 기반으로 한
다. 위험관리(risk management, RM)는 오류를 예측하고 예방하기 위
해 과거지향적 시각으로 실패를 사전 예측하고 보완하고자 하는 시도
이며, 위기관리(crisis management, CM)는 이미 발생하고 있는 실패를

그림 1 미래지향적 의사결정을 위한 실패관리의 개념

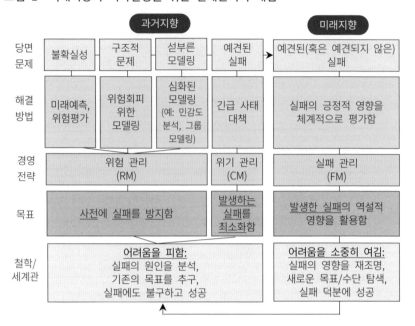

실패 이전: RM과 CM은 FM 프레임워크를 이용하여 관리해야 할 변수를 파악함
실패 이후: 일단 FM을 통해 새로운 변수가 발견되면, RM과 CM을 통해 관리함

통제하고 억제하고 최소화하려는 노력이다. 즉, 위험관리 및 위기관리는 실패의 원인을 분석하고 기존 목표를 계속 추구하며 실패에도 불구하고 살아남기 위해 노력하는 등 실패와 역경을 막기 위한 과거지향적인 노력이다.

　　이와는 다르게 실패관리는 실패를 재평가하고, 새로운 목표나 수단을 탐구하며, 실패와 역경 덕분에 개선될 수 있는 다양한 전략적 옵션을 검토함으로써 실패와 역경을 소중히 여기는 미래지향적 노력이다. 그러나 이상 세 가지 관리방법들이 서로 다른 특징을 가진다는 것은, 그들이 상호 배타적이라는 것을 의미하지는 않는다. 실패관리는 실패의 역설적인 영향을 찾기 위한 체계적 프레임워크를 제공함으로써, 위험관리가 투자 포트폴리오를 확장하는 것을 도와주며, 또한 위기관리가 비상계획을 개선하는 데 도움을 줄 수 있다.

결론

현재 또는 미래의 위험에 맞서 기업가들은 무엇을 할 수 있을까? 그들은 과거지향적인 접근을 통해 실패의 가능성을 줄이거나, 미래지향적인 접근을 통해 실패에 의해 창출되는 새로운 기회를 포착하려고 시도할 수 있을 것이다. 그러나 실패에 대한 미래지향적 접근은 그동안 모호하게 다루어져 왔다. 실패의 혜택에 대한 체계적인 이해가 없다면, 실패의 역설적인 영향은 계속해서 즉흥적인 방법으로만 관리될 것이다. 그러므로 본 장은 실패 활용에 대한 기존 아이디어를 확장하고 재조직함으로써 조직이 더욱 신뢰성 있게 실패로부터 유익을 얻을 수 있는 프레임워크를 제공하고자 하였다.

그러나 실패로부터 늘 혜택을 누릴 수 있는 것은 아니다. 우리는 아무런 이득이 없는 실패에 더 익숙하다. 그래서 이 챕터에서 제안한 16개의 실패관리 명제들은 각각 '도움이 될 수 있다'라는 표현으로 제시되었다. 다시 말하면, 실패했다는 사실 하나만으로는 그 실패에 따른 유익을 누릴 수 있는 충분조건이 만족되지는 않는다. 실패를 통해 기회를 발견하는 것과 그 기회를 실제로 이용하는 것은 별개의 문제이다. 즉, 실패는 특정한 방법으로 잘 다루어질 때에만 유익할 수 있다. 그러므로 이 연구에서 제시된 실패관리의 명제들은 실패로부터 혜택을 얻기 위한 필요조건들의 집합이라고 할 수 있다.

우리는 본 논문에서 제시된 명제들과 프레임워크가 조직 환경에서 실패관리를 실제로 활용할 수 있는 방안에 대한 후속 연구들의 기반이 되기를 기대한다. 이러한 의미에서 우리는 실패관리의 동인, 실패관리의 전략적 옵션, 절차 및 준비상태 등의 후속 연구질문들을 제안하고자 한다.

참고
문헌

실패관리에 대한 오리지널 아이디어와 관련된 참고문헌

Lee, J. (2014). *Essays on Failure Management of Nonprofit Organizations*. Doctoral dissertation. University at Albany, State University of New York.

'우리는 왜 실패로부터 배우는가'와 관련된 참고문헌

Haunschild, P. R., & Sullivan, B. (2002). Learning from complexity: Effects of prior accidents and incidents on airlines' learning. *Administrative Science Quarterly*, 47, 609−643; Sitkin, S. B. (1992). Learning through failure: The strategy of small losses. *Research in Organizational Behavior*, 14, 231−266; Baum, J. A., & Dahlin, K. (2007). Aspiration performance and railroads' patterns of learning from train wrecks and crashes. *Organization Science*, 18, 368−385; Henderson, A. D., & Stern, I. (2004). Selection−based learning: The coevolution of internal and external selection in high−velocity environments. *Administrative Science Quarterly*, 49, 39−75; Madsen, P. M. & Desai, V. (2010). Failing to Learn? The Effects of Failure and Success on Organizational Learning in the Global Orbital Launch Vehicle Industry. *Academy of Management Journal*, 53(3), 451−476.

'우리는 어떻게 실패로부터 배우는가'와 관련된 참고문헌

Cannon, M. D., & Edmondson, A. C. (2005). Failure to Learn and

Learning to Fail (Intelligently): How Great Organizations Put Failure to Work to Innovate and Improve. *Long Range Planning*, 38, 299 – 319; Shepherd, D. A., & Cardon, M. S. (2009). Negative emotional reactions to project failure and the self-compassion to learn from the experience. *Journal of Management Studies*, 46(6), 923 – 949; Farjoun, M. (2002). Towards an Organic Perspective on Strategy. *Strategic Management Journal*, 23(7), 561 – 594; Amankwah-Amoah, J. (2016). An integrative process model of organisational failure. *Journal of Business Research*, 69(9), 3388 – 3397; Eriksson, K. & McConnell, A. (2011). Contingency planning for crisis management: Recipe for success or political fantasy? *Policy and Society*, 30(2), 89 – 99; Shepherd, D. A., Patzel, T. H., & Wolfe, M. (2011). Moving forward from Project Failure: Negative Emotions, Affective Commitment, and Learning from the Experience. *Academy of Management Journal*, 54(6), 1229 – 1259; Eggers, J. P. (2012). Falling flat: Failed technologies and investment under uncertainty. *Administrative Science Quarterly*, 57, 47 – 80; Baumard, P., & Starbuck, W. H. (2005). Learning from failures: Why it may not happen. *Long Range Planning*, 38, 281 – 298.

'우리는 실패로부터 무엇을 배우는가―과거지향적 관점'과 관련된 참고문헌

Weiner, B. (1985). An attributional theory of achievement motivation and emotion. *Psychological Review*, 92(4), 548 – 573; Stone, D. (2011). *Policy Paradox: The Art of Political Decision Making.* W. W. Norton & Company; Vaara, E. (2002). On the discursive construction of success/failure in narratives of post-merger integration. *Organization Studies*, 23(2), 211 – 248; Wagner, J. A., & Gooding, R. Z. (1997). Equivocal information and attribution: An investigation of patterns of managerial sensemaking. *Strategic*

Management Journal, 18(4), 275−286.

'우리는 어떻게 실패를 활용하는가—미래 지향적 관점'과 관련된 참고문헌

McGrath, R. G. (2011). Failing By Design. *Harvard Business Review*, 89(4), 76−83; Beech, N., MacIntosh, R., Maclean, D., Shepard, J., & Stokes, J. (2002). Exploring Constraints on Developing Knowledge: On the Need for Conflict. *Management Learning*, 33(4), 495−512.

BHAG과 관련된 참고문헌

Collins, J., & Porras, J. I. (1994). *Built to Last: Successful Habits of Visionary Companies*. New York: Harper Business.

'유도 경영'과 관련된 참고문헌

Yoffie, D., & Cusumano, M. (1999). Judo Strategy: The Competitive Dynamics of Internet Time. *Harvard Business Review*, 77(1), 70−81.

'넛지'와 관련된 참고문헌

Thaler, R. H., & Sunstein, C. R. (2008). *Nudge: Improving Decisions about Health, Wealth, and Happiness*. New York: Penguin Books.

부록 1 실패관리의 명제들

실패의 유형	내부적 적용			외부적 적용		
	지킴 Saving (내부 자원을 보존함)	바꿈 Reforming (내부 문제를 개선함)	배움 Learning (새로운 지식을 학습함)	막음 Discouraging (외부 위험을 막음)	끌어들임 Attracting (외부 도움을 얻어냄)	상호보충 Complementing (여러 세력들이 상호보완함)
부족 Deficiency	#2: 열등한 기세를 버리고 자원을 보존함 (예: 자체적으로 개발한 스마트폰 운영시스템 대신 안드로이드를 채택한 삼성)	#5: 효과적으로 경영성을 개선함 (예: 일본 코카의 'Beat Coke')		#8: 위협이나 위험을 줄임 (예: 도요타의 의도적인 비관적 사업전망)	#11: 외부의 자원을 유도함 (예: 일본 호텔의 '우리는 싸구려입니다' 광고)는	#14: 상호보완적인 세력들을 묶 상황 (예: 한국 재벌의 중소기업 동반성장 경영)
과잉 Excess	#3: 과잉 자원을 활용하여 새로운 기세를 상승함 (예: 우버 택시와 에어비앤비)	#6: 혁신을 자극함 (예: BHAG)	#1: 실현실패 같은 극한 상황을 통해 새로운 것을 배움 (예: 실리콘밸리의 'FailCon')	#9: 적의 관심이나 파이를 물타 줄 덕이(몸장) (예: 유도 경영)	#12: 외부의 관심이나 새로운 수요를 창출함 (예: 아이브리 비누의 탄생 일화)	#15: 위협에 대응해 견제하거나 연합을 형성함 (예: 정부규제를 환영한 신 경영성)
비(非)일관성 Inconsistency	#4: 자원을 보존하고 위험을 줄 신감 (예: 재품/고객/시장의 다리 덕분에 기계식 시계 시장의 재발견)	#7: 현재 상황에 도전하고 편견을 줄 캠 (예: 파격적 전자시계 기술)		#10: 불안정성을 활용해 위험을 줄 줄임 (예: Peace First의 새로운 비즈니스 모델 창출)	#13: 외부의 도움을 자극하거나 활성화함 (예: 캐나디안 기자의. 핀란드의 오울루)	#16: 상호 반대되는 비일관성들이 서로 상쇄하며 만듦 (예: 인프시스의 'Global Delivery Model')

참조: 각 셀 안에 명제 번호 1번부터 16번까지 표시되어 있음

부록 2 위험(risk), 위기(crisis), 실패(failure)/성공(success)의 구분

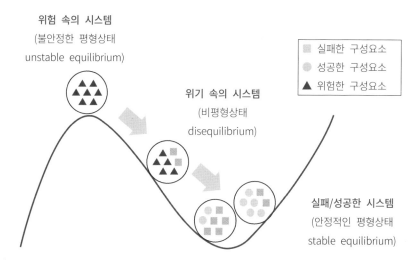

참고: 부록 2는 영문논문에는 실리지 않았음

위험관리, 위기관리, 실패관리 간의 차이는 기본적으로 위험, 위기, 실패/성공 간의 차이에 있다. 위 그림은 '산, 계곡, 공'의 비유를 통해 위험, 위기, 실패/성공의 의미가 어떻게 다른지를 보여준다.

우선 산 정상에는 하나의 공이 놓여 있는데, 이 공은 총 7개의 서로 독립적이거나 상호의존적인 구성요소들로 이루어진 하나의 시스템이다. 우리가 바라는 것은 이 공의 구성요소들이 최대한 온전하게 유지되면서 계곡 아래로 굴러 내려오도록 하는 것이다. 산 정상에 있는 이 공에는 아직 아무 일도 일어나지 않았지만 앞으로 언제 굴러 떨어져서 망가질지 모르는 불안정한 상태이기 때문에, 이 공은 '위험' 상황에 처해 있다. 따라서 우리는 이 상태를 '불안정한 평형상태(unstable equilibrium)'라고 부를 수 있다.

일단 이 공이 산 밑으로 굴러떨어지기 시작하면, 구성요소들 중 일부는 망가지기 시작하기 때문에 이 시스템은 위기에 처하게 된다. 즉, 이 공은 위험에 처한 구성요소들과 이미 망가진(실패한) 구성요소들이 뒤섞여 있는 '비평형 상태(disequilibrium)'에 있다.

이제 공이 계곡 바닥에 이르러 멈추면 더 이상 변화가 일어나지 않고 일어날 가능성도 없기 때문에 '안정적인 평형상태(stable equilibrium)'라고 할 수 있다. 이제 우리가 해야 하는 일은 이 시스템의 성패를 판단하는 것이다. 그림 하단의 왼쪽 공은 7개 구성요소 중 5개가 고장이 났으므로 이 시스템은 전체적으로 실패했다고 판단될 가능성이 높다. 그러나 하단의 오른쪽 공은 일곱 가지 구성요소 중 두 개만이 실패했기 때문에 우리는 이 시스템이 왼쪽 것보다 성공에 가깝다고 결론을 내릴 수 있다.

02 실패관리를 위한 전략과 준비[*]
: 뒤늦은 깨달음에서 선견지명으로

이준수

실패관리 소개

실패는 유익할 수 있다. 다시 말해서, 실패는 우리가 창조적인 돌파구를 만드는 데 도움을 줄 수 있다. 하지만 어떻게 그것이 가능한가? 다음 질문의 답을 생각해보자. 1960년대 우주경쟁(space race)에서 미국은 구소련의 뛰어난 우주개발 성과의 위협을 어떻게 이용했는가? 접착력이 너무 약해서 종이를 영구적으로 접착시킬 수 없었던 3M의 포스트 잇 노트(Post-it note)는 어떻게 소비자들에게 인기를 끌 수 있었나? 유도에서는 어떻게 무거운 상대방을 쉽게 제압할 수 있는가? 애플은 어떻게 스티브 잡스의 죽음이 아이폰 4S의 판매에 도움이 되도록 만들었는가? 간단히 말해서, 실패나 역경을 이용하여 창조적인 전략을 만들 수 있는 체계적인 패턴이 있을까? 본 연구는 이 질문에 대한 답을

....

* 본 장의 원문은 다음과 같다. Lee, J. (2018). Making Hindsight Foresight: Strategies and Preparedness of Failure Management. *Organizational Dynamics*, 47(3), 165－173. https://doi.org/10.1016/j.orgdyn.2017.12.002.

찾으려는 노력이다.

실패는 전략을 창조하는 역설적인 씨앗이 될 수 있다는 주장이 최근 널리 공유되고 있다. 이 '실패관리(Failure Management, FM)'라는 개념은 기업가들이 실제로 새로운 기회를 창출하기 위해 그들이 겪었던 실패와 도전을 유익하게 사용해왔다는 점을 강조한다. 물론 실패라는 개념의 정의는 그것을 보는 이의 시각에 달려있다. 다양한 의사결정자가 가지고 있는 다양한 기대수준을 고려하면, 실패는 완전한 손실이나 파산에서부터 좌절, 갈등, 도전, 후회, 역경 등으로 다양하게 정의될 수 있다. 실패에 대한 다양한 정의의 공통적인 요소들 중 하나는, 실패는 '현실이 기대보다 열등하거나 불리한 상태'를 일컫는다는 사실이다.

실패관리를 넘어서

실패관리 프레임워크에 따르면, 조직이 실패나 역경으로부터 혜택을 얻을 수 있는 방법은 16가지가 있다. 이러한 16가지 방법은 실패에 대응하는 과거지향적(retrospective) 활동과 미래지향적(prospective) 활동을 모두 포함한다. 실패에 대한 과거지향적 접근법은 실패의 원인을 찾고 수정하는 방법에 초점을 맞추는데, 이것은 바로 위험관리와 위기관리의 초점이다. 반면에, 미래지향적 접근법은 실패로부터 이익을 얻고 새로운 기회를 창출하는 등 좀 더 미래에 초점을 둔 시각을 강조한다. 요컨대, 실패관리 프레임워크는 조직이 위험관리(risk management)와 위기관리(crisis management)방법을 보완하도록 도와줌으로써 어떻게 실패가 과거지향적이면도 미래지향적으로 활용할 수 있는지를 체계적으로 기술하고 처방을 마련하는 데 도움이 될 수 있다.

그러나, 현재까지 제시된 실패관리 프레임워크는 16개의 명제를 소개하고는 있으나 그 구체적인 메커니즘에 대한 설명은 생략하고 있는데, 자세히 말하면 1) 조직의 가치사슬(value chain)에서의 과거지향적 또는 미래지향적인 전략적 옵션; 2) 실패관리의 의사결정 과정과 준비성 등은 상술하고 있지 않다. 이러한 현실을 반영하여, 본 연구에서는 근거이론(grounded theory) 방법론을 사용하여 다음 두 가지 질문에 대한 답을 탐구하였다.

Q1. 실패를 과거지향적으로 그리고 미래지향적으로 활용하기 위해 어떤 전략들을 창조할 수 있는가?

Q2. 실패를 활용할 준비가 얼마나 잘 되어 있는지 어떻게 평가할 수 있는가?

이 두 가지 질문에 답하는 것을 목표로, 서두에서 제시된 사례들은 좀 더 자세히 분석되어 창의적 전략 뒤에 숨겨진 체계적 패턴과 실패에 더욱 잘 대비하는 방법을 밝히는 데 사용될 것이다.

질문 1 실패를 과거지향적으로 그리고 미래지향적으로 활용하기 위해 어떤 전략들을 창조할 수 있을까?

이 첫 번째 질문에 답하기 위해, 우리는 우선 '(실패를 경험한 경우에) 왜 실패했는가?'라는 질문에 대한 두 가지 대답에 대해 생각해 볼 필요가 있다. 첫 번째 대답은 '특정한 과거의 이유 때문에 (즉, 과거의 이유로 인해) 실패하였다'와 같이 과거지향적인 대답이다. 두 번째 대답은 '특정한 미래의 목적 때문에 (즉, 미래의 목적을 위해) 실패했다'와 같이 미래지향적이다.

만약 우리가 첫 번째와 같은 대답을 한다면, 우리는 과거의 실수를 고치는 방법에 초점을 맞출 것이다. 그러나 만약 두 번째 대답을 채택한다면, 우리는 미래의 관점에서 실패를 평가하는 방법에 더 많은 주의를 기울일 것이다. 그렇다면, 좀 더 창의적인 전략을 만들기 위해 이렇게 다양한 실패의 속성을 어떻게 체계적으로 분석할 수 있을까? 아래에서 논의하는 바와 같이, 실패에 직면한 상황에서 과거지향적인 전략과 미래지향적인 전략을 구분하는 데 필요한 다음과 같은 몇 가지 요인들이 있다.

제1요인: 어떻게 실패에 반응하는가?

실패관리 프레임워크가 시사하는 바와 같이, 실패는 '현실이 목표나 기대에 미치지 못하는 상태'와 같이 조작적인 정의를 할 수 있다. 기대보다 열등한 현실에는 부족, 과잉 또는 비일관성 등 세 가지 형태가 존재할 수 있다. 이러한 실패의 조작적 정의에 기초하여, 실패에 대응하는 방법에는 두 가지가 있다. 첫째, 목표를 달성하기 위해 현실을 조정하려고 노력할 수 있다. 둘째, 현실에 맞게 목표를 조정하려고 노력할 수 있다.

제2요인: 실패로부터 어떤 기회들을 얻을 수 있는가?

위에서 언급한 '실패에 대한 반응' 외에도, '실패로부터의 기회'는 다양한 방식으로 존재할 수 있다. 조직의 가치사슬에서 수행되는 다양한 관리 활동을 고려할 때, 실패로부터의 혜택은 가치사슬 전체에 확산될 수 있다. 예를 들어, 갑자기 리더를 잃게 된 조직의 경우, 그 리더가 그동안 특정 외부인과의 네트워크에 고착되어 조직을 운영해왔다면, 이와 같은 리더의 부재는 오히려 새로운 외부 이해관계자들과의 커뮤니케이션 채널을 다양화하는 기회가 될 수 있다. 또 다른 경우, 주요 고객과의 관계 관리에 실패했을 경우, 새로운 고객 혹은 더 넓은 범위의 일반 대중과의 새로운 관계를 형성하는 데 도움이 될 수 있다. 간단히 말해서, '실패가 발생하는 곳'과 '실패로 인한 기회'의 차이를 설명하기 위해 가치사슬 또는 조직의 관리 활동을 다음과 같이 분류할 수 있다.

가치사슬에서의 관리 활동:
- 거버넌스/리더십
- 내부 인력
- 기획/소통
- 물리적 자산
- 재무
- 파트너/계약자/공급자와의 관계
- 고객과의 관계
- 일반 대중과의 관계

- 경쟁자와의 관계
- 규제자와의 관계

위와 같은 조직의 가치사슬 상의 관리 활동 측면에서 보면, 실패로부터 얻는 기회에는 두 가지 유형이 있다. 실패로 인한 기회의 첫 번째 유형은, 실패를 변화를 위한 자극제로 사용하여 현실을 개선하는 것이다. 이러한 기회는 가치사슬에서 실패가 발생한 부분과 동일한 곳에서 나타난다. 실패로 인한 기회의 두 번째 유형은, 실패를 활용하여 새로운 목표를 만드는 것이다. 이러한 종류의 기회는 가치사슬에서 실

표 1 실패의 혜택이 여러 경영 분야에 확산되는 패턴

실패가 일어난 경영 분야	거버넌스/리더십	내부 인적 자원	기획/소통	역량/구조/자산	재무	외부파트너/계약자와의 관계	고객 관계	일반 대중과의 관계	경쟁자와의 관계	규제자와의 관계
	실패의 혜택을 보는 경영 분야									
거버넌스/리더십	S	D	D	D	D	D	D	D	D	D
내부 인적 자원	D	S	D	D	D	D	D	D	D	D
기획/소통	D	D	S	D	D	D	D	D	D	D
역량/구조/자산	D	D	D	S	D	D	D	D	D	D
재무	D	D	D	D	S	D	D	D	D	D
외부파트너/계약자와의 관계	D	D	D	D	D	S	D	D	D	D
고객 관계	D	D	D	D	D	D	S	D	D	D
일반 대중과의 관계	D	D	D	D	D	D	D	S	D	D
경쟁자와의 관계	D	D	D	D	D	D	D	D	S	D
규제자와의 관계	D	D	D	D	D	D	D	D	D	S

참고: S(same): 실패와 실패로 인한 혜택이 동일한 경영분야에서 일어남.
　　　D(different): 실패와 실패로 인한 혜택이 서로 다른 경영분야에서 일어남

패가 발생한 부분이 아닌 다른 부분에서 나타난다.

가치사슬 상에서 실패의 혜택이 확산되는 패턴은 <표 1>에 정리되어 있다. 이것은 10 x 10 대칭형 정사각형으로서 조직의 가치사슬에서 '실패가 발생하는 곳'과 '실패로 인해 혜택을 보는 곳' 사이의 관계를 보여준다. 이 표에서 대각선에 표시된 'S(same을 의미함)'는 실패와 기회가 동일한 부분에서 나타나는 경우를 의미하고, 'D(different를 의미함)'는 실패와 그로 인한 기회가 각각 다른 부분에서 나타나는 경우를 가리킨다. 이와 같은 방식으로 위의 표는 실패의 혜택이 조직의 가치사슬 전체에 어떻게 확산될 수 있는지를 보여준다.

실패관리 전략의 스펙트럼
: 과거지향적, 또는 미래지향적 접근방법

위에서 언급한 두 가지 요인(즉, 실패에 대응하는 방법, 그리고 실패에서 얻는 기회)을 사용하여, 실패를 다루는 과거지향적이고 미래지향적인 전략의 스펙트럼을 <표 2>와 같이 정리할 수 있다.

실패에 대한 과거지향적 접근방법은 실패의 원인을 찾고 수정하는 데 초점을 두기 때문에, 현실의 조정과 개선이 나타나는 왼쪽 상단 영역에 해당한다. 반면에, 실패에 대한 미래지향적 접근법은 실패를 이용하는 새로운 방법을 탐구하는 것이기 때문에, 오른쪽 아래 영역, 즉 목표를 조정하고 새롭게 창조하는 방법에 해당한다. 그러나 두 접근방식 간의 관계는 이분법적이라기보다는 연속적이며, 따라서 한 개의 스펙트럼(spectrum) 상에서 두 접근법이 각각 반대쪽 끝을 차지하는 것으로 시각화되어 있다.

표 2 과거지향적이고 미래지향적인 전략 옵션의 스펙트럼

	실패로 인한 기회	
실패에 대한 반응	**현실 개선:** 실패와 실패로 인한 기회가 같은 지점에서 일어남	**목표 창조:** 실패와 실패로 인한 기회가 서로 다른 지점에서 일어남
현실 조정: 목표에 맞추어 현실을 바꿈	**과거지향적:** 실패의 원인을 찾고 교정함	
목표 조정: 바꿀 수 없는 현실에 맞추어 목표를 조정함		**미래지향적:** 실패를 이용하여 새로운 기회를 찾음

실패에 대응하는 네 가지 전략옵션

과거지향적 전략과 미래지향적 전략 간의 이러한 연속적인 구분은 4개의 개별적 전략 옵션으로 구체화될 수 있다. <표 3>은 두 개 차원의 조합을 통해 실패에 대처하기 위한 4가지 전략적 옵션이 어떻게 만들어질 수 있는지를 보여준다. 여기에서 다시 한 번 상기해야 할 것은, 4가지 전략적 옵션들이 상호배타적인 것은 아니라는 점이다. 이 연구에서 제안하는 4가지 전략적 옵션은 일종의 '원형들(archetypes)'로서, 실제에서는 서로 조합된 형태로 사용될 수 있다. <표 3>에 열거된 4가지 전략적 옵션은 각각 널리 알려진 사례들을 사용하여 설명한다.

표 3 실패에 대응하는 네 가지 전략옵션

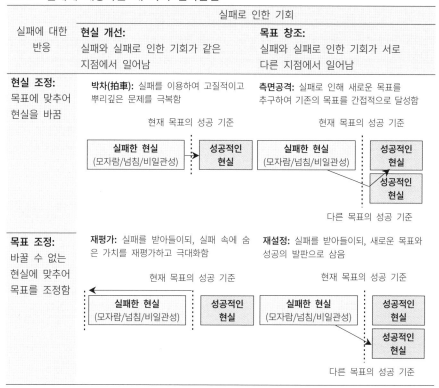

실패에 대한 반응	실패로 인한 기회	
	현실 개선: 실패와 실패로 인한 기회가 같은 지점에서 일어남	**목표 창조:** 실패와 실패로 인한 기회가 서로 다른 지점에서 일어남
현실 조정: 목표에 맞추어 현실을 바꿈	**박차(拍車):** 실패를 이용하여 고질적이고 뿌리깊은 문제를 극복함	**측면공격:** 실패로 인해 새로운 목표를 추구하여 기존의 목표를 간접적으로 달성함
목표 조정: 바꿀 수 없는 현실에 맞추어 목표를 조정함	**재평가:** 실패를 받아들이되, 실패 속에 숨은 가치를 재평가하고 극대화함	**재설정:** 실패를 받아들이되, 새로운 목표와 성공의 발판으로 삼음

박차(拍車)

<표 3>의 왼쪽 상단 영역은 '현실조정'과 '현실개선'의 조합인 '박차(spurring)' 전략을 나타낸다. 이 전략은 실패를 자극제로 사용하여 당면 문제를 극복하는 것을 뜻한다. 미국은 1960년대의 우주 경쟁에서 구 소련의 위협을 어떻게 이용했는지 되짚어보자. 아폴로 11호의 성공적인 달 착륙 7년 전인 1962년에 존 F. 케네디(John F. Kennedy) 대통령

은 다음과 같은 유명한 연설을 했다. "우리는 달에 가기로 결정했다. 그것이 쉬운 목표가 아니라 어려운 목표이기 때문이다. 그 목표는 우리의 에너지와 기술을 최대한 체계화하고 평가하는 데 도움을 줄 것이다." 베스트셀러인 '성공하는 기업들의 8가지 습관(Built to Last)'의 저자인 콜린스(Collins)와 포라스(Porras)는 BHAG(Big Hairy Audacious Goal, 크고 아슬아슬하고 대담한 목표)의 개념을 제안하면서 효율성을 높이고 혁신을 촉진하기 위하여 과도한 목표 설정의 필요성을 역설했다. 많은 산업전문가들이 지적해왔듯이 오늘날 삼성을 세계적으로 독특하고 경쟁력 있는 기업으로 만드는 것은 끊임없는 경계의식과 혁신을 위한 지속적인 위기감각이다. 1988년 미국 적십자사(American Red Cross, ARC)는 미국 식품의약국(FDA)의 혈액서비스와 관련된 기술자산 관련조사에서 많은 문제점을 드러냈다. 그러나 ARC는 이것을 자사의 혈액 서비스 혁신을 위한 계기로 활용함으로써 FDA가 요청했던 개선사항을 훨씬 뛰어넘어 열악한 혈액 운영 시스템을 전면적으로 개혁했다.

재평가

<표 3>의 왼쪽 아래 영역은 '목표조정'과 '현실개선'의 조합인 '재평가(revaluing)' 전략을 나타낸다. 이 전략은 되돌릴 수 없는 현실을 받아들이면서도 그 실패에 수반하는 숨겨진 가치를 최대한 활용하는 것을 뜻한다. 예를 들어, 이 전략의 한 가지 사례로서 '후발주자의 이득(late mover's advantage)'을 들 수 있는데, 이는 경쟁에서 뒤쳐진 후발주자는 선발주자의 시행착오를 통해 많은 것을 배울 수 있다는 것이다. 그러므로, 후발주자는 선발주자를 이기려고 애쓰기보다는 선발주

자로부터 배우는 것에 더 집중하기로 결정할 수 있다. 또 다른 예로, 포스트 잇 노트의 탄생 이면에는 '재평가' 전략이 있었다. 1968년 3M 사의 과학자 스펜서 실버(Spencer Silver)가 새로운 접착제를 발명했을 때, 그는 그것이 종이들을 서로 영구히 붙어 있게 할 만큼 충분히 강하지 않다는 것을 발견했다. 그러나 같은 회사의 또 다른 과학자인 아트 프라이(Art Fry)는 이 접착제가 여러 번 사용한 후에도 종이에 그 자국을 남기지 않기 때문에 책에 표시를 해두는 데 매우 유용하다는 것을 발견하여 포스트 잇 노트를 상품화하는 데 기여했다. '재평가'는 또한 뉴욕의 유명한 랜드마크인 하이라인(The High Line)의 사례에서도 발견된다. 뉴욕시는 맨해튼(Manhattan) 중심부의 버려진 철도 선로를 걷어내고 새로운 건물을 짓는 대신에, 그것을 학생들의 교육과 지역 사회 및 경제를 활성화시키는 공원으로 부활시켰다.

측면공격

<표 3>의 오른쪽 상단 영역은 '현실조정'과 '목표창조'의 조합인 '측면공격(outflanking)' 전략을 나타낸다. 이 전략은 새로운 목표를 추구함으로써 기존의 목표를 간접적으로 달성하는 것이다. 소위 '유도 경영(judo management)'이라 불리는 경영방법은 상대방의 과도한 추진력이나 투자를 역이용하여 상대방의 타성으로 활용하게 할 수 있다고 지적한다. 이러한 전략의 본질은, 전통적이고 직접적인 공격방식을 고수하는 것이 아니라 새롭고 간접적인 방법을 사용함으로써 목표를 달성하는 데 초점을 맞추는 것이다. 의료계에서 사용하는 백신(vaccine)은 이러한 '측면공격'의 예인데, 의도적으로 모방한 감염(즉, 백신)이 거꾸로

면역력을 강화하는 데 사용되기 때문이다. 군사전략에 관한 고전인 '36 계'의 저자는 적과 정면대결을 벌이지 말고 적의 관성이나 과도한 몰입을 역이용하라고 충고하는데, 적에게 부족한 모습을 보임으로써 적이 과신이나 자만에 빠지도록 유도하라고 가르친다.

재설정

<표 3>의 오른쪽 아래 영역은 '목표조정'과 '목표창조'의 조합인 '재설정(reanchoring)' 전략을 나타낸다. 이 전략은 되돌릴 수 없는 현실을 받아들이면서도 실패를 성공의 씨앗으로 만들 수 있는 새로운 목표를 탐구하는 것이다. 제2차 세계대전 동안 미국과 영국은 구 소련이 그들에게 새로운 위협이 될 것이라는 것을 깨달았다. 그러나 루스벨트 (Franklin D. Roosevelt) 대통령과 처칠(Winston S. Churchill) 수상은 이 위협에 맞서기보다는 또 다른 목표(즉, 또 다른 공동의 적인 나치를 물리침)를 달성하기 위해 스탈린과 협력하기로 결정했다. 애플에게 있어서 2011 년 스티브 잡스의 죽음은 피할 수 없는 손실이었다. 하지만 애플은 스티브의 죽음을 통해 스티브가 죽기 전에 많은 비판을 받았던 아이폰 4S 에 대한 소비자들의 불만들을 완전히 덮어버리는 데 성공했다. 옥스팜 아메리카(Oxfam America, OA)는 1992년 옥스팜 퀘벡(Oxfam Quebec)의 금융 스캔들로 인해 큰 어려움을 겪었다. 그러나 이 스캔들로 인해 OA 는 8개 계열 기관들을 하나로 묶어 기관 브랜드를 재창조함으로써 퀘벡 사태의 여파로부터 스스로를 보호할 뿐만 아니라 보다 확장된 사명을 가진 더 강력한 OA 건설이라는 새로운 목표를 달성할 수 있었다.

이 섹션에서는 이 논문의 두 번째 질문—실패를 활용할 준비가 얼마나 잘 되어 있는지 어떻게 평가할 수 있는가?—에 대한 답을 찾는다. 간단히 말해서, 실패관리에 대한 준비가 되어 있다는 말은, 곧 실패에 직면하여 건설적인 결정을 내리고 배울 수 있는 능력이 있음을 가리킨다. 실패를 둘러싼 학습 메커니즘의 세부 사항은 다음과 같다.

실패로부터 배우기 위한 다섯 가지 단계

위에서 논의한 바와 같이, 실패 관리는 실패로부터 과거지향적 또는 미래지향적으로 배우려는 시도다. 실패관리란, 실패의 원인과 관련된 새로운 지식을 얻고 현재의 정신모델을 넘어 새로운 기회를 추구하기 위해 실패를 새롭게 분석하는 것을 의미한다. 간단히 말해서, 실패관리는 실패를 통한 학습과정이다. 이와 같은 학습과정의 관점에서 두 번째 질문에 답하려면 실패관리를 위한 학습 및 의사결정 과정의 검토가 필요하다. 우선, 학습 및 지식 창출과 관련된 선행 연구들을 검토하면 다음과 같이 실패를 통한 학습의 5가지 공통 단계가 드러난다.

준비 단계: 의사결정자는 실패가 조직에 큰 영향을 미치기 전에 이미 실패를 예견하거나 실패의 혜택을 미리 알고 있다.

숙고 단계: 의사결정자는 실패의 혜택에 대한 자신의 지식을 적용하여, 실패의 혜택을 촉진하기 위한 전략적 옵션을 고안한다.

관찰 단계: 의사결정자는 실제로 발생한(예상했던 또는 예상치 못한)

실패를 모니터링하고 인지한다.

촉진 단계: 의사결정자는 실패로부터 편익을 얻기 위해 미리 준비된 전략적 옵션을 구현하거나 혹은 새로운 전략적 옵션을 즉석에서 구현한다.

기억 단계: 의사 결정자는 실패 가능성이 있는 사건과 실패의 혜택에 대해 얻게 된 새로운 지식을 암묵적 또는 명시적으로 기록하고 저장한다.

위에서 설명한 다섯 가지 공통 단계는 선형적인 프로세스가 아니라 서로 다른 조합 및 순서를 통해 구현되는 비선형적인 과정이라는 점에 유의해야 한다. 이러한 다섯 가지 학습 단계의 조합 및 순서는 다음과 같은 두 가지 요인에 따라 달라질 수 있다.

제1요인: 실패를 사전에 예견할 수 있나?

실패관리를 통한 학습 과정을 결정하는 첫 번째 요인는 '실패가 미리 예측되는가?'라는 질문에 대한 대답이다. 이 질문은 실패가 실제로 관찰되기 전에(즉, 실패가 실제로 조직에 유의미한 영향을 미치기 전에) 특정한 실패(즉, 실패의 가능성, 증상, 신호)가 미리 예상되는지 여부와 관련이 있다. 따라서, 모든 형태의 실패에 있어서 두 가지 가능성이 있는데, 1) 실패가 예상됨(즉, 실패의 선례가 있든지, 또는 그 선례가 여전히 기억되고 있음), 또는 2) 실패가 예상되지 못함(즉, 실패의 선례가 없거나, 선례가 있더라도 망각함) 등이 가능하다.

제2요인: 실패의 혜택을 사전에 인지할 수 있나?

실패관리를 통한 학습 과정에 영향을 미치는 두 번째 요인은 '실패의 혜택을 사전에 알고 있는가?'라는 질문에 대한 대답이다. 이 질문은 실패가 실제로 관찰되기 전에(즉, 실패가 실제로 조직에 유의미한 영향을 미치기 전에) 의사결정자가 실패할 가능성이 있는 사건의 혜택을 미리 알고 있는지 여부에 관한 것이다. 의사결정자는 직접 경험, 선례의 학습, 공리, 규범, 속담 등 직접 혹은 간접 학습을 통해 실패의 혜택을 인식할 수 있다. 따라서 의사결정자에게는 두 가지 가능성이 있는데, 1) 실패의 혜택을 미리 알고 있거나, 혹은 2) 실패의 혜택을 미리 알지 못하는 두 가지 경우가 있다.

실패관리를 위한 세 가지 종류의 준비 모델

위에서 언급한 두 가지 요인은 학습의 다섯 가지 공통 단계가 결합되고 순서가 정해지는 방법을 결정한다. 이러한 결과로, 세 가지 유형의 실패관리가 존재한다(표 4와 그림 1 참조).

표 4 실패관리의 세 가지 준비 모델

실패의 혜택을 사전에 인지할 수 있나?	실패를 사전에 예견할 수 있나?	
	그렇다	아니다
그렇다	**계획된 실패관리** 선견지명(foresight)을 이용	**준비된 실패관리** 선견지명(foresight)과 사후지식(hindsight)을 이용
아니다	**임기응변적 실패관리** 사후지식(hindsight)을 이용	

계획된 실패관리: 선견지명을 이용

'계획된 실패관리(Planned FM)'에서 의사결정자는 실패를 미리 예상하며, 실패를 실제로 관찰하기 전에 이미 실패의 혜택을 인식하고 있다. 따라서 실패에 대한 의사결정자의 태도는 다음과 같이 표현될 수 있다: '우리는 예상되는 실패를 활용할 준비가 되어 있다. 그것은 좋은 일이다. 따라서 우리는 실패를 기다리거나, 실패를 찾거나, 심지어 의도적으로 실패하는 방안까지 적극적으로 고려한다.' 사실 이런 태도를 가지고 있는 한, 실패는 더 이상 실패가 아니다. 대신에 그것은 고려할 만한 좋은 대안이다. 즉, (피할 수 있거나, 혹은 피할 수 없는) 실패가 큰 가치나 편익을 가져다주는 한, 그 실패는 감내되거나 심지어 촉진될 수 있다.

2011년 스티브 잡스의 죽음에 직면한 애플의 전략은 계획된 실패관리의 한 예다. 애플은 스티브의 죽음을 예상했지만 그것을 피할 수는 없었다. 대신에 애플은 그의 죽음을 전략적으로 기념할 계획이었는데, 이것은 새로 출시된 아이폰 4S에 대한 소비자들의 비난을 성공적으로 묻어버렸다. 고객들이 아이폰 4S를 스티브 잡스의 마지막 유산으로 여기기 시작하자 아이폰 4S의 매출은 급증했다.

일반적으로 '계획된 실패관리'의 경우, 실패관리의 학습 단계는 다음 순서로 결합한다: 준비(실패 및 실패의 혜택 인식) → 숙고(예상한 실패에 대해 실패의 혜택을 적용하고 이에 따른 전략적 옵션 고안) → 관찰(예상한 실패의 발생을 모니터링) → 촉진(사전에 고안된 전략적 옵션 구현) → 기억(실패 가능한 사건과 실패의 혜택에 대한 새로운 지식을 암묵적 또는 명시적으로 기록하고 저장)

준비된 실패관리: 선견지명과 사후지식을 이용

'준비된 실패관리(Prepared FM)'에서 의사결정자는 사전에 어떤 실패가 일어날지 예측하지는 못하지만, 과거에 유사한 실패의 활용에 대한 모범 사례들을 이미 알고 있기 때문에 실제로 실패가 관찰되기 전에도 실패의 혜택을 알고 있다. 따라서, 실패에 대한 의사결정자의 태도는 다음과 같이 표현될 수 있다: '우리는 미처 예상하지 못한 실패라 할지라도 그것을 사용할 준비가 되어 있다. 그것은 좋은 기회가 될 수 있다. 그래서 우리는 그러한 실패를 받아들이고 활용한다.' 간단히 말하면, 의사결정자는 간접 경험을 통해 얻은 실패의 활용에 대한 선견지명을 사용하지만, 동시에 예상되지 않은 실패에 선견지명을 적용하면서 얻게 된 사후적인 지식도 사용한다.

2017년에 코카콜라의 새 CEO가 된 제임스 퀸시(James Quincey)가 취임 직후에 직원들을 향한 첫 메시지는 '실수하라! Make mistakes!'였다. 그는 회사 내부의 지나친 신중함과 타성에서 비롯된 혁신 부족을 지적했다. 그의 메시지는 제품, 경영, 사업모델에 관한 새로운 실험들이 위험할지라도 적극적으로 시도하라는 것이었다. 퀸시는 미래에 어떤 종류의 실수나 실패가 일어날지 모를 수도 있다. 하지만, 그는 분명히 새로운 실험의 과정에서 실패의 결과를 긍정적으로 이용하려는 의지와 자신감을 가지고 있었다. 왜냐하면 그는 실패가 유익할 수 있다는 것을 이미 알고 있기 때문이다.

정리하면, 준비된 실패관리에서의 학습 단계는 다음과 같은 순서로 결합된다: 준비(실패의 혜택을 사전에 인식) → 관찰(예상되지 않은 실패의 모니터링) → 숙고(예상되지 않은 실패에 대해 실패의 혜택을 적용) → 촉진(실패의 혜택을 촉진하기 위한 전략적 옵션을 창안하고 실행) → 기억(실패 가능한 사건과 실패의 혜택에 대한 새로운 지식을 암묵적 또는 명시적으로 기록하고 저장).

그림 1 실패관리의 세 가지 준비 모델

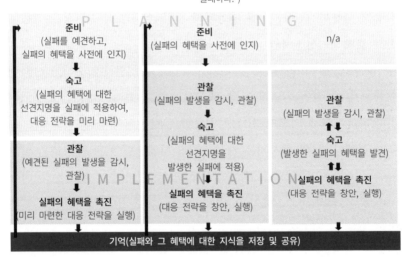

계획된 실패관리
(선견지명을 이용함)
"우리는 실패를 예견하고 있으며,그것은 좋은 실패다. 따라서 그 실패를 기다리거나 적극적으로 활용할 것이다."
(예: Steve Jobs의 작고와 iPhone 4s)

준비된 실패관리
(선견지명과 사후지식을 이용함)
"우리는 예견하지 못하는 실패도 이용할 준비가 되어 있다. 따라서 그것을 받아들이고 활용할 것이다."
(예: 코카콜라의 새로운 CEO James Quincey의 사내 메시지 "실패하라!")

임기응변적 실패관리
(사후지식을 이용함)
"우리는 실패를 이용할 준비가 되어 있지 않다. 따라서 실패하면 임기응변적으로 대응할 것이다."
(예: 포스트잇의 탄생)

PLANNING

준비
(실패를 예견하고, 실패의 혜택을 사전에 인지)

준비
(실패의 혜택을 사전에 인지)

n/a

숙고
(실패의 혜택에 대한 선견지명을 실패에 적용하여, 대응 전략을 미리 마련)

관찰
(실패의 발생을 감시, 관찰)

관찰
(실패의 발생을 감시, 관찰)

숙고
(실패의 혜택에 대한 선견지명을 발생한 실패에 적용)

숙고
(발생한 실패의 혜택을 발견)

관찰
(예견된 실패의 발생을 감시, 관찰)

IMPLEMENTATION

실패의 혜택을 촉진
(미리 마련한 대응 전략을 실행)

실패의 혜택을 촉진
(대응 전략을 창안, 실행)

실패의 혜택을 촉진
(대응 전략을 창안, 실행)

기억(실패와 그 혜택에 대한 지식을 저장 및 공유)

정밀한 사전 기획
• 낮은 불확실성
• 장기 기획
• 사전적 적응

맥락
← 환경 →
← 시간지평 →
← 초점 →

발견 지향 기획
• 높은 불확실성
• 단기 기획
• 사후적 적응

임기응변적 실패관리: 사후지식을 이용

'임기응변적 실패관리(Improvised FM)'에서는, 실패가 사전에 예상되는지 여부와 관계없이 의사결정자는 실패가 실제로 관찰되기 전에는 그 실패의 혜택을 알지 못한다. 따라서, 실패에 대한 의사결정자의 태도는 다음과 같이 표현될 수 있다: '우리는 (예상되거나, 혹은 예상치 못한) 실패를 사용할 준비가 되어 있지 않다. 그래서 우리는 즉흥적인 대응을 한다.' 간단히 말해서, 임기응변적 실패관리는 '실행을 통한 학습(learning by doing)'이라고 할 수 있다. 사실, 모든 형태의 교훈은 근본적으로 직접적인 경험에서 비롯되기 때문에, 임기응변적 실패관리는 모든 실패관리의 근원적인 모델이다. 즉, 직접 경험과 직접 학습을 통해 얻은 새로운 지식은 간접 지식(예: 경영 모범 사례의 학습)의 형태로 다른 사람들과 공유된다.

포스트 잇 노트의 탄생은 임기응변적 실패관리의 한 예다. 이 제품의 발명가는 그가 생각했던 수준에 못 미치는 접착력을 가진 새로운 접착제를 만들어냈다. 그러나 나중에 그의 동료 과학자는 종이 표면에 잔류물을 남기지 않고 책을 표시하는 데 사용될 수 있는 약한 접착제의 가치를 깨달았다. 포스트 잇 노트는 신제품의 창출뿐만 아니라 기존 제품의 가치에 대한 재평가를 대표하는 사례다. 이 경우, 실패의 종류와 실패의 혜택은 사전에 알려지지 않았다. 그러나, 사후에 실패의 혜택을 발견함으로써 그 실패는 유익하게 이용되었다.

요약하면, 임기응변적 실패관리의 학습 단계는 다음과 같은 순서로 결합된다: 관찰(예상된, 또는 예상치 못한 실패의 모니터링) → 숙고(실패 발생 이후 실패의 혜택을 발견하여 적용) → 촉진(실패의 편익을 촉진하기 위한 전략적 옵션 창안 및 실행) → 기억(실패 가능한 사건과 실패의 혜택에 대한 새로운 지식을 암묵적 또는 명시적으로 기록하고 저장).

실패관리의 세 가지 준비 모델이 적용되는 맥락들

<그림 1>은 실패관리의 세 가지 준비 유형에 대해 논리적 흐름 뿐만 아니라 각 유형이 사용되거나 필요한 다양한 맥락(환경, 시간적 범위 및 실패에 대한 초점)을 요약하여 보여준다.

첫째, '계획된 실패관리'는 의사결정자가 실패의 활용에 대한 지식을 이미 갖추고 있을 때 사용된다. 이 상황은 '정밀한 사전 기획 (deliberate planning)'과 유사하다. 즉, 계획된 실패관리 모델은 환경의 불확실성이 적은 경우에, 장기 계획을 위해, 그리고 환경에 대한 능동적/사전적 적응을 위해 적합하다. 반면에, '임기응변적 실패관리'는 실패관리에 대한 지식 없이 실패 사후에 임기응변적인 반응에 의존하는 것을 가리킨다. 따라서 임기응변적 실패관리는 환경의 불확실성이 큰 경우에, 단기 계획을 위해, 그리고 환경에 반응적/사후적으로 적응하기 위해 더 적합한 모델이 될 수 있으며, 이는 '발견 지향적 기획(discovery-driven planning)'과 비슷한 성격을 가진다. 마지막으로 '준비된 실패관리'는 '계획적 실패관리'와 '임기응변적 실패관리'의 특성을 모두 가지고 있으며, 맥락적으로는 정밀한 사전 기획과 발견 지향 기획의 중간에 위치해 있다.

이상 세 가지 유형의 실패관리 준비 모델 중 어떤 것이 가장 우월할까? 답은 다양할 수 있다. 그러나 한 가지 확실한 것은, 각 준비 상태 모델의 적합성은 환경 상황에 따라 달라진다는 것이다. 다시 말하면,

세 가지 유형의 실패관리 준비 모델은 환경의 불확실성과 계획의 시간적 범위에 따라 각각 고유한 이점을 가지므로, 세 가지 유형의 준비 모델을 상황에 적합하게 운용하는 것이 바람직할 것이다.

실패관리: 숨겨진 축복과 함께 일하기

'내 은혜가 네게 족하도다 이는 내 능력이 약한 데서
온전하여짐이라.' 고린도후서 12장 9절

실패는 조직에서 유용하게 활용될 수 있다. 그러나 실패에 직면한 상태에서 창조적인 전략을 개발한다는 것은 말하기는 쉬워도 행하기는 어렵다. 실패를 활용하는 좋은 전략을 시행하는 것이 어려운 이유 중하나는, 실패에 직면했을 때 가지게 되는 '터널 시각(tunnel vision)'에 기인한다. 실패가 클수록 우리는 더 근시안을 갖게 되는 경향이 있다. 실패와 도전이 우리에게 닥쳤을 때 우리는 어떻게 그러한 제한된 합리성을 극복할 수 있을까? 이 질문에 대한 대답을 돕기 위해, 본 연구는 다음의 두 가지 아이디어가 기존의 실패관리 프레임워크를 보완할 수 있다고 제안한다.

첫째, 이 연구는 실패의 발생 위치와 관계없이 실패가 조직관리의 모든 분야 구석구석에 어떻게 이득이 될 수 있는지를 분석했다. 구체적으로, 실패의 혜택이 조직 전체에 다양하게 확산되도록 돕는 네 가지 전략적 옵션이 있다. 이러한 네 가지 전략적 옵션을 인식하고 있는 의사결정자는 실패와 도전에 직면했을 때 과거지향적 전략과 미래지향적 전략을 더욱 체계적으로 고려할 수 있을 것이다.

둘째, 상술한 전략적 옵션은 조직의 (또는 의사결정자의) 준비 상태에 따라 다양한 메커니즘을 통해 계획적으로 혹은 임기응변적으로 실행될 수 있다. '계획된 실패관리'를 실행하는 조직은 실패를 예측하고 사전에 실패를 사용하는 전략을 준비할 수 있는 충분한 선견지명을 갖고 있을 것이다. '임기응변적 실패관리'를 실행하는 조직이나 개인은 그러한 선견지명이 부족할 수 있으나, 대신에 그들은 실패가 발생한 후 실패로부터 혜택을 얻기 위한 즉흥적인 전략을 만들기 위해 사후적인 판단에 의존하는 데 능할 것이다. 그리고 '준비된 실패관리'를 사용하는 조직들은 계획된 실패관리와 임기응변적 실패관리의 특성을 모두 가진 조직일 것이다.

요약하면, 실패는 창의적 전략을 통해 과거지향적 또는 미래지향적으로 재평가되고 유익하게 활용될 수 있다. 더욱이 이러한 재평가와 실패의 활용 과정은 의사결정자 또는 조직이 특정 맥락(예를 들어, 환경적 불확실성과 시간적 범위)에서 얼마나 실패를 잘 활용할 준비가 되어 있는지에 따라 달라질 수 있다.

재차 상기할 것은, 본 장에서 제시된 모델들은 단지 원형들, 즉 조직 전략의 기본 요소라는 사실이다. 현실에서는 실패관리의 네 가지 전략적 옵션과 세 가지 준비 모델이 다양한 조합을 이루어 사용될 것이다.

참고
문헌

실패관리에 대한 선행연구와 관련된 참고문헌

Lee, J., & Miesing, P. (2017). How Entrepreneurs Can Benefit from Failure Management. *Organizational Dynamics*, 46(3), 157−164. http://dx.doi.org/10.1016/j.orgdyn.2017.03.001.

가치사슬과 관련된 참고문헌

Porter, M. (1985). *Competitive Advantage*. Free Press.

근거이론과 관련된 참고문헌

Glaser, B. G., & Strauss, A. L. (1967). *The Discovery of Grounded Theory: Strategies for Qualitative Research*. Chicago: Aldine; Eisenhardt, K. M. (1989). Building Theories from Case Study Research. *Academy of Management Review*, 14(4), 532−550.

BHAG과 관련된 참고문헌

Collins, J. & Porras, J. I. (1994). *Built to Last: Successful Habits of Visionary Companies*. New York: Harper Business.

'유도 경영'과 관련된 참고문헌

Yoffie, D., & Cusumano, M. (1999). Judo Strategy: The Competitive Dynamics of Internet Time. *Harvard Business Review*, 77(1), 70−81.

학습과정과 관련 참고문헌

Ackoff, R. (1989). From Data to Wisdom. *Journal of Applied Systems Analysis*, 16, 3−9; Nonaka, I. (1991). The knowledge creating company. *Harvard Business Review*, 69(6 Nov−Dec), 96 −104; Kolb, D. (1984). *Experiential Learning: experience as the source of learning and development*. New Jersey: Prentice−Hall; McGrath, R. G. & MacMillan, I. C. (1995). Discovery−Driven Planning. *Harvard Business Review*, 73(4), 44−54; Miller, W. L. & Morris, L. (1999). *Fourth generation R&D: managing knowledge, technology, and innovation*. John Wiley & Sons, Inc.

'정밀한 사전기획'과 '발견 지향 기획'과 관련된 참고문헌

McGrath, R. G. & MacMillan, I. C. (1995). Discovery−Driven Planning. *Harvard Business Review*, 73(4), 44−54.

CHAPTER | 03 **성공관리**
　　　　: 성공의 함정을 넘어 역동적 지속가능성으로[*]
　　　　이준수, 이승주

성공, 지속가능한 경영의 걸림돌

　　'성공의 역습(Success strikes back)'. 사업은 왜 실패하는가? 사업 실패의 주요 원인 중 하나는 아이러니하게도 과거에 성공했던 경험이다. 성공을 '현실이 목표보다 우월한 상태'라고 정의한다면, 성공의 범위는 사소한 감정적 만족이나 내 라이벌의 추락, 또는 엄청난 판매 실적까지 매우 다양하다. 그런데 많은 경영학자들과 실무자들은 때때로 이러한 성공이 지속가능한 경영에 해로울 수 있다고 주장한다. 그도 그럴 것이, 성공은 종종 의사결정이나 투자결정에 대한 과신, 자기만족, 편견 등을 조장하기 때문이다.

　　다시 말해, 성공은 장기적으로 제품과 서비스의 고유성을 훼손하고 시장 생태계에서 다른 업체들과의 관계를 해칠 수 있다. 무엇이 이

....

[*] 본 장의 원문은 다음과 같다. Lee, J., & Lee, S.-J. (2018). Success Management: Dynamic Sustainability beyond Harms of Success. *Organizational Dynamics*, 47(4), 209–218. https://doi.org/10.1016/j.orgdyn.2018.09.004.

러한 '승자의 저주(winner's curse)' 또는 '자원의 저주(resource curse)'를 가져오는가? 우리는 어떻게 하면 성공의 부정적인 면을 잘 다룰 수 있을까? 이러한 질문에 답하기 위해, 우리는 근거이론(grounded theory) 방법론을 사용하여 기존 문헌과 사례 연구에 대한 광범위한 검토를 바탕으로 성공의 부정적 영향을 탐구했다. 이와 같은 분석을 통해 우리는 성공의 함정 및 부정적인 영향을 체계적으로 인식하고 회피하는 데 도움이 될 수 있는 성공 관리(Success Management, SM) 프레임워크를 정리했다.

성공의 함정 1: 내부 의사결정의 왜곡

성공은 조직의 내부와 외부 모두에게 해가 될 수 있다. 또한 성공의 부정적인 결과는 성공을 성취하기 전이나 그 후에 모두 발생할 수 있다. 표 1은 성공의 부정적인 영향과 관련된 다양한 맥락과 이해관계자들을 종합적으로 보여준다.

인지

과신　성공은 지나친 자신감을 키우고 강화시킬 수 있으며, 이것은 편향된 의사결정으로 이어질 수 있다. 과신에 빠지면 지나치게 낙관적이 되어 스스로의 강점과 능력을 과대평가하게 된다. 노키아(Nokia)는 2007년 휴대전화 산업에서 선두주자이자 세계에서 가장 가치 있는 브랜드 중 하나였다. 이 회사는 과거의 성공에 사로잡혀 자신

표 1 성공의 함정과 해악

내부 의사결정의 왜곡			
기본적 해악	인지	**과신, 자만** Over-confidence	
		타성, 집착 Anchoring	
	목표 설정	**과도한 목표** Over-aiming	
		자기 만족 Complacency	
	추론, 귀인	**귀인 오류 1** (실제로는 영향이 없는 요인을 긍정적 영향이 있다고 생각함) False positive	
		귀인 오류 2 (실제로는 부정적 영향 요인을 영향이 없다고 생각함) False negative	
결과적 해악	내부 관계	**공로/자원을 둘러싼 갈등** Conflict over credit or excess resources	
		변화에 저항하는 내부 연합 Rigid coalition resisting change	
	투자 (표2 참조)	**과소 투자** Deficient investment	
		과잉 투자 Excess investment	
외부 환경과의 부정적 관계			
반응적 해악	고객	**몰려오는 고객, 떠나는 고객** Flooding, draining customers	
		소외된 고객, 눈이 높아지는 고객 Isolated, satiated customers; base effect	
	공급자, 협력자	**외부 도움의 중단** Withdrawn support	
		무너지는 생태계 Lost ecosystem	
	일반 대중	**아첨** Flattery	
		트집잡기 Nitpicking	
공격적 해악	규제자, 경쟁자	**노출되는 약점** Exposed weakness	
		복수, 약탈 Revenge, depredation	
		치킨게임, 군비경쟁 Chicken game, arms race	

의 소프트웨어 역량을 과대평가했고 고객의 새로운 기대에 부응하는 스마트폰을 제공하지 못했다. 경영진은 하드웨어에서 소프트웨어로의 패러다임 전환을 알고 있었지만, 여전히 소프트웨어의 중요성을 과소 평가했고 사용자 친화적인 운영 체제(OS)와 애플리케이션(Application) 을 개발할 능력이 부족했던 하드웨어 엔지니어들이 조직의 전략기획을

지배하게 됐다.

타성 성공은 심리적, 제도적 관성을 강화시킬 수 있다. 예전의 성공담이 지속적으로 공유되고 전승되면 조직 내에서 현상을 유지하려는 세력에게 힘을 실어준다. 이러한 타성에는 경로 의존성, 관성, 정신적 지연, 터널 시각(tunnel vision), 개혁에 대한 저항 등이 포함될 수 있다. 결국, 타성은 편견의 영향을 강화하여 환경 변화에 상관없이 기존의 사고방식이나 행동방식이 유지되도록 한다. 간단히 말해서, 우리가 한 가지 성공(또는 성공 요인)에 너무 몰입할 때, 우리는 거꾸로 그것에 의해 매몰될 수 있고, 결국 성공의 밝은 면과 어두운 면 사이에서 절충을 하지 못하게 될 수 있다. 코닥(Kodak)은 세계 최초로 디지털카메라(digital camera)를 개발했지만 회사의 핵심역량을 디지털로 전환하지 못해 결국 일본에 밀려났다. 코닥의 간부들은 디지털카메라를 수익성이 높은 기존 영화 사업에 대한 위협으로 보고 변화와 적응에 반대했다. 수익성 높은 재래식 단일저가 품목에 대해 집착했던 코닥은 기존의 사고방식에 매몰되어 스스로를 재창조하는 데 실패했다.

목표 설정

성공이 일어날 때, 그것은 목표 설정에 대한 편견으로 이어질 수 있고, 이것은 결국 지나친 목표 설정이나 또는 (정반대로) 자기만족으로 이어질 수 있다.

과도한 목표 성공은 더 높은 목표를 달성하도록 동기를 부여하

고 자신감을 높여준다. 하지만 자신감이 적정 수준을 넘어서면 오히려 성취할 수 없는 목표에 매달리게 될 수도 있다. 이러한 '이카루스의 역설 (Icarus paradox)' (즉, 달성불가능한 것을 목표로 함)의 결과, 내부자원의 한계와 지속가능성은 종종 무시되고, 결국 내부자원의 과다 사용으로 인한 무기력 및 고갈을 야기한다. 2006년에 도시바(Toshiba)는 54억 달러에 웨스팅하우스(Westinghouse)의 원자력 사업 인수를 발표하면서 세계를 놀라게 했다. 도시바는 원자력 사업에 대한 경험이 부족했음에도 불구하고 새로운 성장 엔진이 절실히 필요했다. 이런 이유로 최고 경영진은 원자력 사업에 바탕을 둔 자사의 미래에 대해 매우 낙관적이었고 이 계약을 성사시키기로 결정했다. 하지만 2011년 후쿠시마 원전 사고 이후 세계 각국 정부가 신규 투자를 중단하고 규제를 강화하면서 시장이 붕괴됐다. 도시바는 이런 예상치 못한 전환으로 인해 2017년 63억 달러 이상의 적자를 기록하고 수익성이 높은 반도체 사업까지도 매각할 수밖에 없었다.

자기 만족 지나친 목표 설정과 대조적으로, 성공은 오히려 노력을 줄이고 목표를 낮추도록 할 수도 있다. 조직은 성공으로 인해 그 본래 목적과 기업가 정신을 잃을 수 있고 적응과 혁신을 방해하는 경직성과 뻔한 일상에 빠질 수 있다. 성공에 의해 야기되는 이러한 '쇠퇴하는 목표(eroding goals)' 현상은 종종 성숙하고 잘 나가는 사업뿐만 아니라 너무 일찍 샴페인을 터뜨리는 신생 기업에서도 발생한다. 성공 후에 흔히 목격되는 쇠퇴나 우울증은 피로, 안도감, 단순한 부주의로부터 야기될 수 있다. 따라서 성공의 덫(success trap)에 걸린 기업들은 현재 사업에 대한 몰두와 새로운 사업에 대한 도전 사이에서 건강한 균형을

다시 확립할 필요가 있다.

추론, 귀인(歸因)

목표설정 측면 외에도, 성공으로 인한 과신과 타성에 의해 또 다른 문제가 야기될 수 있다. 성공은 사람들로 하여금 조직목표와 관리수단 사이의 관계를 잘못 해석하게 할 수 있다. 즉, 성공으로 인한 과신과 타성은 추론이나 귀인 판단을 흐리게 할 수 있는데, 결국에는 적정한 목표를 설정하고 그에 맞는 관리수단을 선택하는 능력에 문제가 생길 수 있다.

귀인 오류1(제1종 오류)　첫 번째 종류의 귀인 오류는, 기본적으로 통계학에서 '제1종 오류'라고 일컫는 실수와 개념적으로 동일하다. 두 가지 변수(예를 들어 목표와 수단) 사이에 실질적으로 인과관계가 없다 해도, 성공으로 인한 과신은 우리가 그 둘 사이에 긍정적인 인과관계가 있다고 믿게 할 수 있다. 이러한 잘못된 관념은 어떤 결과의 진정한 원인이 외생적이고 통제할 수 없는 것(예를 들어 경제 호황이나 경쟁자의 몰락)에 있을지라도 그 성공을 내생적이거나 관리 가능한 원인(예를 들어 내부의 전략 및 기술)에 귀인시키려는 인간의 본성 때문에 더 악화될 수 있다. 조직의 내외부 환경은 지속적으로 변하기 때문에 오늘 성공한 전략이 내일도 성공하리라는 보장은 없다. 미국 월마트(Walmart)의 성공 공식은 다른 나라에서 그대로 적용되지 않았다. 미국 바깥의 고객, 경쟁사, 공급업체, 노조가 미국 안에서와 비슷하게 행동한다는 가정은, 월마트가 독일과 한국에서 점포를 철수하는 결정을 함으로써

잘못된 것으로 판명되었다.

귀인 오류2(제2종 오류) '제1종 오류'와는 반대로, 과신은 두 가지 변수가 서로에 대해 가지는 부정적인 인과관계를 보지 못하게 할 수 있다. 이 현상은 통계학에서 '제2종 오류'라고 부른다. 제2종 오류가 발생하는 원인 중 하나는, 시스템 안에서 정보의 흐름에 지연이 발생할 수 있다는 사실을 무시하기 때문이다. 우리가 과신에 빠져 지금 하고 있는 행동의 장기적인 결과에 주의를 기울이지 않을 때, 우리는 근시안적인 의사결정을 하기 쉽다. 애플은 삼성을 통해 아이폰 제조에 필요한 반도체를 공급했는데, 애플이 핵심 부품의 장기 공급자로 삼성에 의존한 것은 결과적으로 애플의 공급망 관리 전략과 관행을 삼성에 그대로 공개해버린 셈이 됐다. 그 결과 삼성은 애플로부터 배운 경영 전략을 구사할 수 있게 돼 곧 애플의 강력한 경쟁자가 되었다. 간단히 말해서 애플이 공급 업체와의 관계를 통해 단기적으로 거둔 성과는 장기적으로 애플이 새로운 위협에 스스로를 노출시킨 결과가 되었다.

의사결정 과정에서 제1종 오류와 제2종 오류가 동시에 발생하게 되면, 실제로는 서로 부정적인 인과관계가 있는 두 변수 사이에 긍정적인 인과관계가 있다고 잘못 인지할 수 있다. 이러한 현상은 종종 개발도상국에서 관찰된다. 1990년대 이후 중국인들은 소득수준의 증가와 더불어 전반적인 건강 수준이 떨어지는 것을 경험했다. 이러한 이유 중에 하나는 소비수준이 올라가면서 정크 푸드(junk food) 소비가 늘어났지만 정작 그것이 건강에 미치는 악영향에는 신경을 덜 썼기 때문이다. 소득과 건강 사이의 인과관계를 부정확하게 추론하면 이러한 패턴은 시간이 지나도 변하지 않는다.

내부 관계

공로/자원을 둘러싼 갈등　성공은 자원이나 성공의 공적을 둘러싼 내부 갈등을 심화시킬 수 있다. 복권당첨자들 중 많은 이들은 그들의 막대한 재산을 어떻게 쓸 것인가에 대한 논란으로 인해 그들의 친구나 가족들과의 관계가 불행해지는 것을 경험한다. 최근의 폭스바겐(Volkswagen) 오염물질 배출 스캔들은 경영진의 내부 갈등에 주로 기인했고, 이로 인해 경영진의 도덕성이 훼손되고 막대한 경제적 손실을 초래했다. 요컨대, 성공에 기인하는 새로운 자원이나 기회들은 다수의 내부 세력들끼리 서로 경쟁하게 만들 수 있고, 결국 조직의 선호나 의사결정 우선순위를 왜곡시킬 수 있다.

변화에 저항하는 내부 연합　성공으로 인한 내부 갈등과는 반대로, 성공은 사람들이 변화에 대항하여 단결하게 만들 수 있다. 성공 후에는 종종 조직 구성원들이 대세에만 따르려고 하는 '집단사고(group think)'나 그들의 지도자를 맹목적으로 따르는 '해바라기 경영(sunflower management)'이 뒤따른다. 함께 성공을 거둔 내부 이해관계자들은 성공 전보다 더 긴밀한 유대를 형성하는 경향이 있다. 이렇게 긴밀하게 연결된 내부 네트워크는 그들의 성공으로부터 얻은 이익구조에 대해 변화를 일으키지 않으려 하며, 결국 행동을 수정하는 것이 어렵게 된다. 1980년대와 1990년대에 소니(Sony)가 경험한 큰 성공은 전문화되어 운영되던 많은 부서들이 각각 그들만의 왕국을 건설하는데 도움을 주었다. 이러한 부서 중심 문화는 온라인 디지털 음악 서비스 개발에 필요한 부서간 협업에 장애가 되었다. 이러한 내부 분열은 결국 글로

벌 전자업계에서 소니의 리더십을 손상시켰다.

투자

이상 논의한 모든 종류의 내부 편견과 분쟁은 결국 편중된 투자로 이어진다. 비정상적이거나 불균형적인 투자란, 다른 말로 표현하면 조직의 관심, 권력, 자원이 편향되고 남용된다는 의미이다. 이것은 결국 조직 환경에 맞지 않는 편향된 투자 포트폴리오로 이어진다. 예를 들어, 성공적인 특정 제품에 대한 과도한 투자는 기업이 또 다른 제품에 대해 불충분한 투자를 하게 하고, 따라서 기업의 건전한 제품/서비스 포트폴리오를 위태롭게 할 수 있다. <표 2>는 이러한 성공으로 인한 두 가지 유형의 투자 왜곡 및 편향을 자세히 설명한다.

과소 투자 과소 투자는 투자 왜곡의 한 가지 유형으로서, 자기만족, 성공적인 조직 설계 모델에 대한 집착, 집단 사고, 나태함, 목표 시장에 대한 불충분한 집중, 틈새시장보다 좁은 포지셔닝, 그리고 시장 요구에 뒤떨어진 품질 등의 형태로 나타난다. 코닥, 노키아, 왕컴퓨터(Wang Laboratories), 블랙베리 등을 포함한 많은 쇠퇴 기업들은 대부분 이러한 투자 왜곡 사례를 보여준다.

과잉 투자 과잉 투자는 과소 투자의 반대이다. 소니의 세계최초 LED TV, 2004년 애플의 리사(LISA), 스마트폰 시대 전에 출시된 개인 휴대정보단말기(PDA) 등이 대표적인 과잉 투자 사례다. 그 제품들은 시장 성숙도를 충분히 고려하지 못한 성급한 의사결정에서 비롯되었

다. 결과적으로, 그러한 제품들은 시장 환경과 양립할 수 없는 과도한 품질과 가격 수준을 보여주었다. 양적인 측면에서 볼 때, 지나친 자신감은 종종 과잉 생산으로 이어져 가격 하락을 가져온다. 과잉 투자의 또 다른 예로, 크라이슬러(Chrysler)는 아이아코카(Iacocca)의 전설적인 지도력 아래에서의 위대한 성공에 매료되어 1980년대 중반 항공산업과 스포츠카 제조업으로 사업을 다각화했다. 그러나, 이러한 사업 다각화는 철저한 시장 분석에 기반을 둔 것이 아니라 성공적인 지도자의 개인적 욕구에 바탕을 둔 것이었기 때문에 결국 돈 낭비에 불과한 것으로 밝혀졌다. 과잉투자는 인적자원관리에서도 종종 발견된다. 이른바 성과급제가 민간과 공공부문에서 종종 성공을 거두어 오긴 했지만, 성과에 대한 외부 보상에 지나치게 집중하면 내부 또는 정신적 보상을 추구하는 동기부여가 사라질 수 있다는 어두운 이면이 존재한다.

왜곡된 의사결정 과정에서는 과소 투자와 과잉 투자가 동시에 존재하는 경우가 많다. 예를 들어, 시어스(Sears)의 실적이 감소한 것은 투자가 불충분하면서도 과도했기 때문이었다. 1990년대 초, 월마트(Walmart)는 재래식 쇼핑 경험을 넘어서는 새로운 서비스를 고객들에게 제공하기 위한 새로운 사업 모델을 만들었으나, 시어스는 이를 무시함으로써 사업 혁신에 대한 투자가 부족하게 됐다. 오히려 시어스는 1990년대에 자사의 핵심 경쟁력과 동떨어진 금융 부분에 과도한 투자를 했다. 시어스는 노령화하는 고객들의 금융서비스 수요를 예측하는 데 있어서 지나치게 낙관적이었고, 실제로는 기존의 쇼핑 사업과 새로운 금융 사업 간에 기대했던 것만큼의 시너지(synergy) 효과는 존재하지 않았다.

표 2 성공으로 인한 투자 왜곡

투자 대상			투자 왜곡 (관심, 권력, 자원 배분의 왜곡)	
			과소 투자	과잉 투자
조직	조직 설계	조직 목표	자기 만족	과도한 목표
		조직 구조 (구조, 프로세스, 인적자본, 인센티브)	성공했던 구조에 집착	불필요한 구조 조정 지속
	의사 결정	방향	집단 순응 사고	공로/자원을 둘러싼 갈등
		속도	나태함, 융통성 결여	과속, 성급
시장	고객	타깃	목표에 대한 과소 투자	목표에서 벗어난 과대 투자
		다변화	틈새시장에 과소 투자	틈새시장 이외에 과대 투자
	상품, 서비스	수량	과소 생산/서비스	과다 생산/서비스
		품질	시장요구에 못 미치는 품질	시장요구를 훨씬 앞지른 품질
사례			• 코닥 • 노키아 • 왕 컴퓨터 • 블랙베리	• 애플사의 Lisa(1983년) • 소니 LED TV(2004년) • 스마트폰 이전에 출시된 PDA • 1980년대 중반 크라이슬러의 사업 다각화 실패

성공의 함정 2: 외부 환경과의 부정적 관계

고객

몰려오는 고객 제품이나 서비스가 고객들 사이에서 인기가 높아지고 수요가 늘어나면, 새로운 수요와 그에 상응하는 책임은 감당할 수 없는 수준으로 증가할 가능성이 커진다. 이러한 고객 서비스의 새로운 부담은 결국 제품이나 서비스의 품질을 떨어뜨릴 수 있다.

떠나는 고객 　새로운 고객들이 밀려들면 두 가지 부정적인 결과를 초래할 수 있다. 첫째로, 넘쳐나는 고객들 때문에 서비스가 악화되고 이러한 상황에 실망한 기존 고객들을 잃을 수 있다. 새로운 관광 명소에 몰려드는 사람들로 인해 그 지역의 원주민들은 생활비용 증가를 겪게 되고 결국 그곳을 떠나는 '구축 효과(crowding out effect)'가 발생할 수 있다. 이러한 현상은 지역개발이 임대료 인상으로 이어져 원주민들을 소외시키고 떠나도록 만드는 '젠트리피케이션(gentrification)'이라고도 불린다. 둘째로, 고객이 밀려드는 것은 단지 일시적인 현상일 수도 있다. 변덕스러운 고객들이 계속 새로운 곳을 찾아 움직이면, 한때 그들을 위해 많은 양의 재고를 확보해놓은 사업체는 결국 과잉 투자 또는 과잉 재고 문제를 떠안게 된다.

소외된 고객 　성공적인 제품에 대한 마케팅의 편중은 잠재 고객을 소외시킬 수 있다. 예를 들어, 노스페이스(The North Face)의 겨울 재킷 판매는 과거 몇 년 동안 한국 청소년들 사이에서 폭발적으로 증가했다. 그러나 노스페이스의 마케팅은 성공한 시장(즉, 10대 청소년)에만 초점이 맞추어져 잠재적인 고객인 성인층을 소외시켜 그들이 노스페이스 제품 구매를 꺼리게 만들기도 했다.

눈이 높아지는 고객 　성공은 성과에 대한 기대를 부풀리는 '기저 효과(base effect)'를 낳아 후속적인 성과가 나쁘게 보이게 할 수 있다. 또한, 제품이나 서비스의 긴 수명조차도 고객들이 싫증을 내도록 할 수 있다. 다시 노스페이스를 예로 들면, 노스페이스의 겨울 재킷은 가격과 품질 면에서 독보적인 경쟁력을 지녔지만 노스페이스의 오래된

독특성에 싫증을 내고 기술적으로 큰 차이가 없는 다른 브랜드에 매료된 고객들을 잃으면서 매출이 크게 줄었다.

공급자, 협력자

외부 도움의 중단   개인이나 조직에 있어서 성공이 증명되면 그동안 그 개인/조직을 지원해왔던 외부 지원자들은 더 이상 도움이 필요하지 않다고 느끼고 그들의 지원을 줄일 수 있다. 성공에 대한 이와 같은 외부반응의 주된 문제는, 외부 지원자들이 더 이상 지원이 필요 없다고 객관적이고 합리적인 판단을 하는 것이 아니라, 단지 성공이라는 겉모습에만 근거해 지원을 그만두기로 결정한다는 것이다.

무너지는 생태계   대부분의 기업들은 경쟁자들을 무력하게 하거나 심지어 시장에서 몰아냄으로써 경쟁에서 이기기를 원한다. 그러나 경쟁자들은 보통 라이벌일 뿐만 아니라 파트너로서의 역할을 한다. 경쟁사의 존재는 기업들이 '클러스터 효과(cluster effect)'를 통해 고객들의 관심을 이끌어내고 고객요구에 대한 반응을 강화하도록 하기 때문에 이로울 수 있다. 따라서 연이은 승리를 통해 경쟁자들을 완전히 말살시키는 것은 실제로 시장을 위축시킬 수 있다. 한때 번창했던 회사들(예를 들어 폴라로이드(Polaroid), 왕컴퓨터)의 몰락은 한때 그들이 추구했던 '나홀로 전략'의 치명적인 결과를 보여준다.

일반 대중

아첨 나의 성공을 이용하려는 외부인들은 나에게 긍정적이고 좋은 소식만을 전함으로써 호감을 얻으려고 한다. 그러나 이러한 편향된 정보는 나의 판단을 손상시킬 수 있고 결국 편견을 강화시킬 수 있다.

트집잡기 성공을 통해 얻는 명성과 인기는 외부 이해관계자들로부터 트집 잡히는 데 이용될 수 있다. 외부인들은 트집을 잡음으로써 그들이 얻는 직접적인 이득이 없을지라도 단지 질투에 사로잡혀 성취도가 높은 사람이나 회사를 비난할 수 있다. 이 때문에 대중문화나 스포츠 스타들이 많은 '안티팬'을 갖는 것은 자연스럽게 느껴지기도 한다.

규제자, 경쟁자

노출되는 약점 성공 이후에는 사람들이 그 성공의 이면과 세부사항에 더 많은 관심을 가지게 되기 때문에 결국 약점까지도 드러나게 된다. 가수 싸이의 2012년 세계적인 히트곡 '강남스타일'은 그를 월드스타로 만들었다. 그러나 이러한 인기 덕분에 사람들은 그가 한때 주한미군을 비하하는 반미 노래를 불렀다는 사실도 알게 됐다. 다행히도 그는 이 뉴스에 신속히 대응하여 진심 어린 사과를 했고, 결국 미국인들의 여론 악화를 잠재울 수 있었다.

복수 성공이 가져다주는 가장 흔한 결과는 아마도 적 혹은 패배자로부터의 복수일 것이다. 단지 트집만 잡는 사람들과는 대조적으로,

복수를 추구하는 사람들은 실제로 나의 성공 때문에 상당한 손해를 입은 이해관계자들이다. 스마트폰 시장에서의 치열한 경쟁은 2012년에 삼성과 애플 사이의 법정 싸움을 촉발시켰고, 각 회사는 서로의 성공을 훼손시키려고 노력했다.

약탈　앞서 언급한 것처럼, 성공을 통해 얻은 과도한 자원은 내부 이해관계자 간의 마찰과 갈등을 유발할 수 있으며, 아울러 외부 이해관계자의 약탈 욕구를 자극할 수 있다. 이러한 외부 이해관계자들은 단지 경쟁자들뿐 아니라 나의 성공을 인지하는 모든 종류의 사람들을 가리킨다. 복권당첨자들은 종종 기부를 요청하거나 재산을 갈취하려고 하는 낯선 사람들에게 둘러싸이는 경험을 한다.

치킨게임, 군비경쟁　성공의 부정적인 결과들 중 최악의 시나리오는 아마도 성공한 경쟁자들 사이에 벌어지는 비생산적인 경쟁일 것이다. 단순한 성공을 넘어 경쟁자를 능가하려는 욕망은 과도한 경쟁을 통해 자멸적인 결과를 초래할 수 있다. 이 경우 공동번영을 위한 타협이나 협력은 선택 사항으로 간주되지 않는다.

지금까지 논의한 성공의 여러 가지 부정적인 영향들을 어떻게 다루고 해결할 수 있을까? 기본적으로 우리는 성공의 함정이 존재한다는 사실부터 인식해야 한다. 성공의 함정에 대처하는 구체적인 방법들은 당면문제의 특성, 당면문제에 대한 해석, 전략 및 전술 수준의 구분 등과 같은 여러 요인에 따라 달라질 수 있다. 다음 섹션에서는 성공의 함정에 대한 처방책들을 논의한다.

'자유는 거저 주어지는 것이 아니다. Freedom is not free.'
미국 워싱턴 D.C. 한국전 참전 용사 기념비에 새겨진 글

성공은 위험을 초래할 수 있다. 더 나아가, 지속가능한 성공은 희생을 필요로 한다. 2014년에는 성공관리와 관련된 두 가지 기억할 만한 사건이 있었다. 첫째, 미국의 CVS는 담배라는 안정적인 수익원이 공중 보건에 기여하려는 회사의 사명과 일치하지 않는다고 판단하여 담배 판매를 중단했다. 같은 해에 테슬라는 자사의 특허를 경쟁사들과 공유하기로 결정했다. 테슬라가 전기자동차 산업의 생태계 조성에 대한 의지를 보여준 것은 반직관적이지만 통찰력 있는 전략적 결정이었다. 우리는 어떻게 하면 오늘의 성공에 묻히기보다는 미래지향적인 전략을 촉진할 수 있을까? 어떻게 하면 성공의 함정에 파묻혀 순진하면서도 정적인 지속가능성을 추구하는 것이 아니라 보다 역동적인 지속가능성을 추구할 수 있을까? 어떻게 하면 성공으로 인한 피해를 예방하거나 치유할 수 있을까? 성공의 함정을 다루는 많은 기존 연구와 문헌들을 분석해보면 성공의 함정을 극복하기 위해 반복적으로 추천되는 키워드들이 있다. 이것들은 체계적으로 정리하면 <표 3>과 같다.

성공관리에 있어서 조직의 목표

성공의 부정적인 영향을 극복하기 위해서는, 나 자신은 누구인지, 누구를 섬길 것인지, 그들을 위해 어떻게 서비스를 제공할 것인지, 그

리고 언제 앞으로 나아가야 하는지 혹은 언제 멈춰야 하는지에 대한 답을 확실히 함으로써 지속가능성을 유지해야 한다. 우선 내부적으로는, 환상과 편견으로부터 벗어나서 합리적인 자신감을 유지해야 한다. 그리고 외부적으로는, 시장 생태계에서의 지속가능한 공존을 위해 제품과 서비스의 고유한 가치를 유지해야 한다. 하지만 어떻게 이런 것들이 가능할까? 내부 의사결정과 외부 포지셔닝의 건전성을 유지하는 방법을 요약해주는 키워드들은 아래와 같이 조직관리와 관련된 '명사'와 '형용사'로 나눌 수 있다.

조직 관리를 위한 '명사': 전략과 검증

조직관리에 있어서 '명사'는 '전략 및 검증'에 관련된 조직활동들과 관련이 있다. 지속가능한 관리를 위해서는 3가지 차원에서 전략이 만들어지고 검증된다. 첫째, '전략 및 검증'의 결정은 가치, 신념, 데이터, 정보, 벤치마크 및 기타 준거에 기초하여 이루어진다. 둘째, '전략 및 검증'의 결정은 가치사슬, 의사결정 과정, 거버넌스 구조, 소통 채널, 금융, 보상 시스템, 인적 자원, 역량, 기술, 자산, 동기, 사고방식, 윤리, 문화, 리더십, 내부 및 외부 통제, 모니터링 등의 내부시스템을 통해 이루어진다. 셋째, '전략 및 검증'은 고객, 틈새시장, 중간자(공급자, 파트너), 일반 대중 및 경쟁자와 규제당국과 같은 외부 이해관계자들과의 상호작용을 통해 이루어진다.

조직 관리를 위한 '형용사': '전략과 검증'의 특성 및 방향

조직관리에서의 성공은 위와 같은 '전략과 검증'이 '어떤 특성과 방향'으로 관리되느냐에 달려있다. 이러한 방법들은 아래 열거된 성공 관리의 주요 '형용사' 키워드들을 통해 설명될 수 있다.

사명 중심의 제품이나 서비스의 설계는 조직의 핵심 가치에 기초하여 이루어진다. 그러나 어떤 제품이 시장에서 성공하게 되면, 그 제품은 조직 내에서 높은 우선순위를 가지게 되고 종종 그 조직이 추구해오던 핵심 가치를 대체하게 되며, 결국에 그 조직은 본래의 핵심 가치보다는 시장의 유행에 더욱 민감하게 된다. 성공적인 제품은 조직이 그 제품과 관련된 일을 효율적으로 수행하고 있는지에만 초점을 맞추게 하고, 올바른 방향으로 가고 있는지에 대해서는 무시하게 한다. 제품이나 서비스는 회사의 핵심 사명과 가치의 조명 아래에서 창안, 설계, 검토되어야 한다. 하지만 이러한 회사의 사명은 어떤 종류의 사명이어야 할까? 지속가능한 회사들이 공통적으로 추구하는 사명은 사람들을 돕고, 섬기고, 기여하고, 사람들과 공유하는 것을 소중히 여기는 가치를 포함한다. 소니는 사명 지향적인 회사의 성공에 있어 좋은 본보기가 된다. 1950년대부터 소니는 '혁신의 순수한 즐거움과 일반대중의 이익과 기쁨을 위한 기술개발을 경험한다'라는 사명에 전념해 왔다. 소니가 소중히 여기는 가치는 오랜 시간 동안 창의적인 제품(예를 들어 트랜지스터 라디오, 미니디스크, 워크맨)을 성공적으로 선보이는 데 도움을 준 믿을 만한 길라잡이였다. 간단히 말해서, 소니의 상대적 성공(즉, 전자산업의 선두주자)은 절대적 가치에 대한 회사의 집중에서 비롯

되었다.

진실한 확실한 근거에 입각한 의사결정을 하기 위해, 데이터와
정보는 조직 내에서 공개적이고 투명하게 교환되어야 한다. 이러한 유
형의 의사소통은 그 의사소통자가 겸손할 때에만 가능하다(즉, 이는 자
기 성찰, 자족함, 도움에 대해 감사하는 태도다). 코스트코(Costco)의 설립자
인 짐 시네갈(Jim Sinegal)은 모범적인 내부통제 방법을 제도화했다. 그
의 정책은 판매마진을 15% 이하로 제한하는 것이었는데, 이는 코스트
코가 가격 경쟁력을 유지하는 수단이었을 뿐만 아니라 회사가 탐욕에
서 벗어나도록 하는 방안이었다. 또 다른 예로, 2014년 이후 이케아
(Ikea)가 판매한 옷장이 넘어지면서 두 명의 어린이가 사망한 사건이
있었다. 하지만 이 다국적 가구업체의 대응은 지연되고 무책임하며 나
라마다 일관성이 없어 회사 이미지에 큰 영향을 미쳤다. 짐 콜린스(Jim
Collins)가 자신의 저서 '좋은 기업을 넘어 위대한 기업으로(Good to
Great)'에서 주장했듯이 겸손은 지속가능한 조직의 지도자들의 공통된
특징이다. 그에 따르면 겸손한 리더들은 더 이성적이고, 합리적 근거에
기반을 두고 판단하며, 그들의 성공을 외부요인 덕으로 돌리고 실패는
그들 자신에게 돌리는 경향이 있다.

단순한 의사결정은 정보 부족보다는 정보 과잉 때문에 왜곡되
는 경우가 많다. 보다 중요한 것에 초점을 맞추고 덜 중요한 것들을 제
거하기 위해서 전략과 소통의 단순화는 큰 도움이 된다. 이것은 조직
이 가진 능력이 제한적이기 때문에 더욱 그렇다. 또한, 인간의 제한된
인지 능력을 고려하면, 의사소통은 장황하기보다는 명확하고 간결해야

한다. 케네디 대통령의 '달에 인간을 보내는' 계획은 간결하지만 매우 설득력 있는 의사소통 전략의 예들 중 하나일 것이다.

객관적인 성공한 지도자들은 과거의 성공을 바탕으로 더 많은 권력을 휘두르고 싶은 유혹을 받는다. 성공이 유능한 인물, 좋은 정보원, 훌륭한 경영 구조 등 어느 것에서 비롯되었든지 관계없이, 과거에 성공을 가져다주었던 단 한 가지 성공요소에 계속적으로 의존하는 것은 조직을 위험한 미래로 이끌 수 있다. 하지만 성공이 편견과 과신을 조장하기 때문에 이러한 원칙을 지키는 것은 쉽지 않다. 우리는 어떻게 하면 조직의 '전략과 검증' 기능을 보다 객관적이고 공정하고 냉정하고 엄격하게 만들 수 있을까? 반대되거나 중복되는 정보들을 동시에 참고하거나 분권화된 소통채널을 활용하는 등의 방법들은 우리가 합리적 근거에 바탕을 둔 균형 있고 변통성 있는 사고를 하는 데 도움이 된다. 역사상 유명한 지도자들은 종종 그런 전술을 사용했다. 예를 들어, 윈스턴 처칠은 그의 카리스마 있는 리더십의 장점과 단점을 모두 인식하고 있었고, 그래서 그는 독립적으로 기능하는 통계 부서를 설립하여 객관적이고 엄격한 분석결과를 제공하도록 함으로써 그 자신을 스스로 통제하였다. 객관성을 유지하는 또 다른 방법은 휴식을 취하고 일로부터 떨어져 있는 것인데, 이것은 우리가 현재에 과도하게 몰입하여 매몰되는 것을 막는 것이다. 빌 게이츠는 혼자서 휴식을 취하고 깊은 성찰을 하기 위해 정기적으로 '생각하는 주(think weeks)'라는 시간을 가지고 그 시간에는 가족, 친구, 심지어 회사로부터도 스스로를 완전히 격리하곤 했다.

새로운 급변하는 환경에서는 혁신적으로 적응하는 것이 지속가능성을 달성하는 유일한 방법일 수 있다. 이러한 혁신적인 적응의 목표는 현상태에 대해 지속적으로 의문을 제기하고 미지의 것을 탐구하고 실험함으로써 경계심을 지속시키는 것이다. 성공적으로 지속해온 많은 조직들(예를 들어 프록터 앤 갬블(Procter & Gamble), 3M, 휴렛패커드(Hewlett-Packard))은 '지속적인 개선(continuous improvement)'에 초점을 맞추어 왔다. 그들은 그들이 추구하는 가치와 사명이 완전히 달성하기 힘든 목표인 것을 알면서도, 그 가치와 사명이 그들로 하여금 지속적인 개선을 가능케 하는 지속적인 영감을 준다는 사실을 알고 있다.

반복하는 조직의 개혁이나 혁신은 한 번의 사건이 아니라 길고 긴 과정이다. 현상태를 혁신하고 미지의 영역을 탐구하는 것은 지속적인 노력이 필요하다. 동시에, 이러한 노력들은 체계적으로 제도화되어 리더십이나 권력의 큰 변화조차도 혁신을 망가뜨리지 못하도록 할 필요가 있다. 1989년에 아디다스(Adidas)의 지속가능성 전략이 시작된 이래로 아디다스의 균형 있고 제도화된 노력은 꾸준히 계속되어 왔다. 결과적으로 아디다스는 2014년에 '지속가능한 세계 100대 기업' 중 하나로 꼽히며 그러한 노력의 효과를 확인했다. 반복의 또 다른 장점은 지적 능력의 한계를 보완한다는 것이다. 우리는 의사결정에 전념할 수 있는 제한된 시간과 자원 때문에 종종 불가피하게 직관이나 추측에 의지할 수밖에 없다. 만약 직관에 의존하는 것이 불가피하다면, 합리적인 결정을 내리는 것이 우리 본능의 일부분이 될 때까지 계속해서 우리 자신의 직관을 교육하고 훈련시킬 필요가 있다.

다단계의 매우 불안정한 환경에서는 오늘의 성공 공식도 내일 또다시 시험될 필요가 있다. 그러한 시험을 위해서는 다양한 시행과 수정을 거치는 점진적이며 다단계적 접근방식이 필요하다. 1990년대 말 닷컴 열풍(Dot.com Fever)에 힘입어 많은 회사들이 온라인 약국을 열었을 때, 월그린스(Walgreens)는 천천히 기다리며 '후발주자의 이익 (late mover's advantage)'을 도모했다. 월그린스는 우선 1단계로서 당시 유행하던 온라인 사업모델에 대해 신중하게 검토하는 시간을 가졌다. 그러한 신중한 고민을 반영한 설계에 힘입어 제2단계에서는 정교한 온라인 서비스를 설계하여 시장에 진입했다. 온라인 약국사업 (Walgreens.com)을 본격적으로 시작한 제3단계에 접어들어서는 보다 앞서 사업을 시작했던 다른 회사들보다 훨씬 성공적인 사업을 수행할 수 있었다.

종합적인 만약 시스템 또는 제품의 수명주기를 미리 충분히 이해할 수 있거나, 만약 오늘의 행동이 미래에 가져다줄 결과를 미리 예측할 수 있다면, 아무도 성급하거나 근시안적인 결정을 하지 않을 것이다. 성공의 함정은 오늘의 성공이 내일의 실패를 낳았을 때를 일컫는다. 경제학의 기본 원칙에 따르면, 식당들은 고객들이 증가하면 가격을 인상한다. 가격 상승은 일시적으로 현금 유입을 증가시킬 수도 있지만, 결국 부정적인 입소문으로 인해 고객을 잃는 결과를 초래할 수 있다. 내일 우리가 마주하게 되는 현실은 오늘 우리가 하는 행동의 결과인데, 이는 우리가 (1) 모든 행위자들의 활동이 서로 연결되어 영향을 주고, (2) 행동과 그 결과 사이에는 시간의 지연이 있는 네트워크 속에 살고 있기 때문이다. 이러한 지연된 '피드백 루프(feedback loop)'

를 고려한다면, 우리의 의사결정은 좀 더 인내심 있게 준비를 갖추고 멀리 내다보며 큰 그림을 염두에 두고 이루어질 수 있다. 미래에 예상치 못하게 찾아오는 긴급상황을 위해 호황기에 미리 저축을 해두는 것은 이러한 신중하고 종합적인 의사결정의 좋은 예다. 텍사스주(Texas State)는 1990년대 초부터 미리 세수를 저축하여 유가 변동과 경기 침체를 대비하기 위한 경제안정기금(Economic Stabilization Fund, ESF)을 운용해 왔다. 2017년 현재 기준으로 텍사스는 국내 최대의 ESF를 보유하고 있고 경제 안정을 위해 이를 효과적으로 활용하면서 '자원의 저주(resource curse)'를 극복하고 있다.

역설적인 우리는 종종 성공보다 실패로부터 더 많은 것을 배운다. 우리가 조직을 아무리 잘 관리한다고 해도 사소한 실수에서부터 치명적인 재앙까지 다양한 형태의 실패에 직면할 수 있다. 만약 실패가 완전히 예방하기 어렵고 오히려 불가피하다면, 차선의 대안은 실패의 경험으로부터 잘 배우는 것이다. 이러한 '실패관리(Failure Management)'의 개념은 실패의 역설적인 혜택을 재조명하고 활용하는 데 초점을 맞춘 것이다. 3M은 새롭게 개발한 접착물질이 당초 예상한 만큼의 접착성을 가지고 있지 않아 실패작으로 간주했었다. 이후 3M은 그 새로운 접착물질의 가치를 다시 평가했고, 그 접착제가 반복적으로 책에 떼었다 붙일 수 있을 만큼의 '약한' 접착력을 갖고 있다는 것을 알게 되었으며, 고객들은 이러한 약한 접착력에 대한 새로운 필요성을 깨닫게 되었다(그 결과가 '포스트잇'이다). 기본적으로 실패관리는 실패가 성공의 씨앗으로 사용될 수 있다는 것을 강조한다. 실패관리와는 대조적으로 성공관리는 성공의 어두운 측면에 초점을 맞추고 있다.

격동의 환경 속에서 소위 '계획적 기회주의(planful opportunism)'를 실현하려면 실패관리와 성공관리라는 역설적인 두 가지 아이디어가 전략기획의 일부분으로 구현되어야 한다.

음-양의(딜레마를 끌어안는) 앞에서 언급한 제안들을 모두 명심하더라도, 성공의 함정을 극복하려고 할 때 여전히 풀기 어려운 딜레마가 있다. 예를 들어, 의사결정의 분권화는 객관적인 전략을 세우는데 필요한 조건 중 하나이지만, 동시에 관리를 혼란스럽게 만드는 씨앗이 될 수 있다. 또한, 시험적인 투자는 새로운 기회를 가져올 수 있지만, 동시에 조직의 잠재력을 잠식시킬 수도 있다. 그러나 이러한 성공관리의 딜레마를 인식하고 해결하기 위해 애쓸 때 더욱 성공적인 성공관리를 할 수 있다. 이러한 딜레마 상황에서 건전한 의사결정을 막는 장애물 중 하나는 좋음과 나쁨, 집권과 분권, 전략과 운영 등과 같은 이분법적 사고다. 현실적인 전략옵션은 이분법(예를 들어 ON/OFF 스위치)이 아닌 연속적인 개념(예를 들어 볼륨 다이얼)이기 때문에 언어적 또는 개념적 이분법은 합리적인 사고를 위험에 빠뜨릴 수 있다. 이분법적 접근법은 현실에서는 충분히 양립할 수 있는 복수의 옵션을 상호 배타적이거나 양립할 수 없는 것으로 여기는 것이다. 따라서, 동양의 '음양' 문양이 시사하는 것처럼 연속적이고 양립적인 사고가 '전략과 검증'의 과정에서 딜레마를 포용하고 해결하는 데 도움이 될 수 있다. LA 다저스(LA Dodgers)의 샌디 쿠팍스(Sandy Koufax)가 1965년에 달성했던 퍼펙트 게임(perfact game)은 연속적이고 양립적인 접근방법을 실행함으로써 '상황에 맞게 배합된 공(즉, 빠른 직구, 커브, 체인지업)'을 던져 이룬 결과였다.

표 3 성공의 함정과 해악에 대한 처방

성공관리를 위한 조직 관리 형용사: 전략 및 검증의 특성과 방향	→	명사: 전략 및 검증	→	성공관리의 목표
사명 중심의 Mission-oriented 이윤/상품/순위 중심이 아닌, 가치 중심(책임 있는, 돕는, 섬기는, 기여하는, 공유하는, 희생하는)		전략과 검증의 근거 가치, 이념 데이터, 정보 모범사례, 참고사례		우리가 누구인지, 누구를 섬겨야 하는지, 어떻게 섬겨야 하는지, 언제 움직여야 하는지, 언제 멈춰야 하는지 …
진실한 Genuine 열린, 투명한, 정직한, 깨끗한, 이로운 겸손한, 자기성찰의, 자기 한계를 아는 지속하는, 감사하는 귀담아 듣는, 공감하는, 조화로운, 협력하는		조직 내부에 대한 전략과 검증 가치 사슬 의사결정 과정 거버넌스 구조 의사소통 채널		…를 지속적으로 검증/확인함으로써 역동적 지속가능성을 추구함 조직 내부적으로는 합리적인 자신감을 가짐
단순한 Simple 명료한, 간결한 초점을 맞춘, 단순한		재정, 자금 보상 체계 인적자원, 역량 기술, 자산		조직 외부적으로는 시장 생태계의 공생/지속을 위해 내가 개발/제공하는 상품/서비스의 고유성을 지킴
객관적인 Objective 일정거리를 둔, 냉정한, 공정한, 사심 없는 엄정한, 현실에 기반을 둔, 실제적인 균형적인, 통제와 견제를 받는 보완하는, 이론의, 분권화된 집단적인, 여론의, 힘 기반의		동기, 마음가짐 윤리, 규범, 문화 리더십 내부/외부 통제 모니터링, 평가		
새로운 New 혁신적인, 탐색적인, 실험적인, 학습하는 질문하는, 기민한, 긴장을 낮추지 않는, 끊임없는		조직 외부에 대한 전략과 검증 고객, 틈새시장 공급자, 협력자 일반 대중 규제자, 경쟁자		
반복하는 Repeated 지속적인, 계속적인, 장기적인, 꾸준한 심사숙고하는 훈련된, 제도화된, 체계적인				
다단계의 Multi-staged 점진적인, 점증적인, 다각화된				
종합적인 Holistic 긴 안목의, 큰 그림의, 인내하는 준비하는, 예비하는, 저축하는 네트워크 사고의, 피드백/시스템 사고의				
역설적인 Paradoxical 실패관리 관점의 성공관리 관점의				
음·양의(딜레마를 풀어안는) Yin-Yan(dilemma-embracing) 연속적인(on/off 스위치가 아니라 볼륨 다이얼과 같은) 엄립하는(대립versus이 아니라 병립하는with)				

실패관리를 통한 성공관리

'그런즉 선 줄로 생각하는 자는 넘어질까 조심하라'
고린도전서 10장 12절

오늘날 번창하고 있는 조직들에게 있어서 그들이 이미 성공했다는 사실에는 이론의 여지가 없다. 그러나 그들의 성공을 도왔던 과거 전략의 효용성은 끊임없이 변화하는 환경에 따라 달라질 수 있다. 그러므로, 불안정한 환경 속에 있는 존재의 지속성과 안정성은 그 존재의 역동적 행동을 통해서만 달성될 수 있다.

성공은 모든 조직이 추구하는 것이지만, 오늘날의 성공은 오히려 내부의 편견과 외부로부터의 역공의 가능성을 높이기 때문에 내일의 실패의 씨앗이 될 수 있다. 그러면 우리는 어떻게 하면 성공의 함정을 인식하고 극복할 수 있을까? 그 대답은 역설적으로 '실패관리'에 있을 수 있다. 위험관리나 위기관리 등 실패와 역경을 방지하고자 하는 관리방법들과는 달리, 실패관리의 본질은 실패의 잠재적 혜택을 파악하고 활용하는 것이다. 실패관리에서와 마찬가지로, 실패와 역경은 성공관리에서 소중히 여겨져야 한다(그림 1). 다시 말해서, 지속가능한 '전략 및 검증' 과정은 우리가 성공으로부터 얻는 힘과 자원에 대한 독점을 포기하도록 요구한다. 지속가능한 성공 앞에서 우리가 넘어야 할 문턱은, 성공을 통해 얻게 된 자원 및 자유에 동반되는 사명과 가치를 지속적으로 추구함으로써 그 자원과 자유를 성공적으로 통제(또는 제한)하는 것이다. 다시 말해, 성공으로부터 얻은 자원, 자유, 강점을 통제적으로 관리함으로써 성공에서 비롯되는 내부 의사결정의 왜곡이나 외부

그림 1 역동적 지속가능성을 위한 실패관리와 성공관리

실패 이전: RM과 CM은 FM/SM이론을 이용하여 관리해야 할 변수를 파악함
실패 이후: 일단 FM/SM을 통해 새로운 변수가 발견되면, RM과 CM을 통해 관리함

출처: Lee & Miesing(2017) 인용 및 수정

로부터의 공격에서 벗어날 수 있다.

요컨대, 성공관리 프레임워크는 '왜 성공했는가?'라는 질문에 대한 과거지향적이면서도 미래지향적인 답변을 제공한다. 만약 우리가 '과거의 어떤 원인 덕분에 성공했다'라고 대답한다면, 우리는 성공을 회고하면서 성공의 과거 원인에 초점을 맞추고 있는 것이다. 그리고 만약 우리가 '미래의 어떤 목적을 위해서 성공했다'라고 대답한다면 그것은 미래지향적이고 사명 지향적인 시각이다.

본 논문에서 소개된 성공관리 프레임워크는 성공의 부정적인 영향 이면에 있는 동인과 이러한 문제에 대한 해결책을 포괄적으로 포함하고 있다. 그러나 이 논문이 성공관리와 관련된 모든 문제를 다루고 있다고 말하기는 어려울 것이다. 따라서 향후에 계속적으로 그 답을 구해야 하는 질문들을 다음과 같이 제시하고자 한다. (1) 성공의 특징 (예를 들어 성공의 유형, 규모, 지속성, 단계)에 따라 그 부정적인 영향은 어떻게 달라지는가; (2) 다양한 유형의 성공의 함정을 효과적으로 관리하기 위한 방안들을 어떻게 설계하고 구현할 것인가.

```
┌─────┐
│ 참고 │
│ 문헌 │
└─────┘
```

성공과 실패의 조작적 정의 및 실패관리와 관련된 참고문헌

Lee, J., & Miesing, P. (2017). How Entrepreneurs Can Benefit from Failure Management. *Organizational Dynamics*, 46(3), 157 − 164. https://doi.org/10.1016/j.orgdyn.2017.03.001; Lee, J. (2018). Making Hindsight Foresight: Strategies and Preparedness of Failure Management. *Organizational Dynamics*, 47(3), 165 − 173. https://doi.org/10.1016/j.orgdyn.2017.12.002.

의사결정 오류와 관련된 참고문헌

Bazerman, M. H., & Moore, D. A. (2008). *Judgment in Managerial Decision−making* (7th ed.). Wiley.

과신에 대한 선행연구와 관련된 참고문헌

Müller, A. (2007). *Impact of Overoptimism and Overconfidence on Economic Behavior: Literature Review, Measurement Methods and Empirical Evidence*. Diplomarbeiten Agentur diplom.de.

부와 건강의 역설적 관계와 관련된 참고문헌

Du, S., Mroz, T. A., Zhai, F., & Popkin, B. M. (2004). Rapid income growth adversely affects diet quality in China − particularly for the poor! *Social Science & Medicine*, 59, 1505-1515.

성공에서 비롯된 실패사례와 관련된 참고문헌

Herbold, R. J. (2007). *Seduced by Success: How the Best Companies Survive the 9 Traps of Winning*. McGraw-Hill.

합리적인 자신감에 관련된 참고문헌

Hayward, M. (2007). *Ego Check: Why Executive Hubris is Wrecking Companies and Careers and How to Avoid the Trap*. Kaplan Business.

겸손한 리더십, 윈스턴 처칠, 월그린스, 보잉, IBM 사례와 관련된 참고문헌

Collins, J. (2007). *Good to Great*. HarperCollins Publishers.

지속적인 개선 및 '계획적인 기회주의'와 관련된 참고문헌

Collins, J., & Porras, J. (1997). *Built to Last*. HarperCollins Publishers.

네트워크 사고와 관련된 참고문헌

Barabasi, A. (2003). *Linked: How Everything is Connected to Everything Else and What It Means for Business, Science, and Everyday life*. Plume.

피드백 루프 사고 및 시스템 사고와 관련된 참고문헌

Meadows, D. H. (2008). *Thinking in Systems*. Chelsea Green.

음양 이론 및 샌디 쿠팩스 사례와 관련된 참고문헌

Kaplan, R. E., & Kaiser, R. B. (2013). *Fear Your Strengths: what you are best at could be your biggest problem*. Berrett-Koehler Publishers, Inc.

CHAPTER │ **04 균형적 SWOT**
: 실패관리와 성공관리의 관점에서 바라본 SWOT 분석[*]
이준수, 이승주, 정권

SWOT 분석에 대한 재고찰

전략적 관리 분야에서 가장 인기 있고 널리 사용되는 분석툴 중
하나는 SWOT 분석(또는 SWOT)일 것이다. SWOT은 '강점(strengths), 약
점(weaknesses), 기회(opportunities), 위협(threats)'의 약자로서 조직 내부
및 외부 환경의 긍정적 요인과 부정적 요인을 식별하는 데 도움이 된
다. SWOT의 목표는 조직이 직면하고 있는 주요 문제 및 과제를 파악
하고 조직의 전략적 방향에 대한 통찰력을 개발하기 위하여 상황을 분
석하는 것이다. SWOT은 기업 및 민간뿐만 아니라 정부, 학교, 병원,
NGO 및 국제기구 등 공공 및 비영리 부문에서도 널리 사용되고 있다.
SWOT 프레임워크는 명확하고 객관적, 포괄적이며 간결하면서도 종합
적인 논리적 분석틀을 제공한다.

....

[*] 본 장의 원문은 다음과 같다. Lee, J., Lee, S.-J., & Jung, K. (2020). Balanced
SWOT: Revisiting SWOT Analysis through Failure Management and Success
Management. *KDI School Working Paper Series*, *20—17*.

그러나 이와 같은 SWOT의 단순함은 양날의 검과 같다. SWOT을 사용하는 사람들은 그 간편성 덕분에 SWOT의 편리함을 칭찬하면서도 SWOT의 단순성과 정적인 특성에 동반된 한계를 인식하여 왔다. SWOT을 통한 선형적인 분석과는 달리, 오늘날 역동적이고 급변하는 환경 속에서 조직의 강점은 약점으로 바뀔 수도 있고, 반대로 위협은 기회가 될 수도 있는 것이다.

표 1 기존의 SWOT 분석틀

조직 환경	조직 환경의 영향	
	유익함	해로움
내부	강점 Strengths	약점 Weaknesses
외부	기회 Opportunities	위협 Threats

<표 1>에서 보듯이, 기존의 SWOT 분석은 두 가지 차원—조직환경(내부 및 외부) 및 조직환경이 조직목표에 미치는 영향(유익함과 해로움)—으로 구성된 분석표를 사용한다. 그리고 이 두 개 차원의 상호작용을 고려하여 조직환경의 강점, 약점, 기회, 위협 등의 4가지 요소가 도출된다. 그러나 분석가들과 실무자들을 좌절하게 하는 것은 강점과 약점, 그리고 기회와 위협 사이의 구분이 모호하다는 점이다. 조직 내외의 역동적인 환경 속에서 어제의 강점은 오늘의 약점이 될 수 있고, 또한 그 반대가 될 수도 있다. 마찬가지로 오늘의 위협도 내일의 기회가 될 수 있고, 또 그 반대의 경우도 가능하다.

요컨대, 기존의 SWOT 분석방법을 이용할 때, 우리가 가진 경영의 상식들은 다음의 두 가지 질문으로 인해 종종 도전을 받는다. '강점이나 기회는 항상 유익한가?' '약점이나 위협은 항상 해로운가?' 이러한 질문에 답하기 위하여 본 논문은 조직환경의 역설적인 측면들을 이론

적이고 실제적으로 고찰하여 경영의 역설들을 포괄적으로 고려할 수 있는 새로운 버전의 SWOT 분석을 제안한다.

실패관리와 성공관리

새로운 SWOT 분석방법을 다루기 전에 먼저, 조직환경이 조직에 미치는 영향의 양면성과 그에 대해 대처하는 방안을 되짚어 볼 필요가 있다. 최근 경영관리의 새로운 관점으로서 실패관리(Failure Management, FM)와 성공관리(Success Management, SM)라는 두 가지 관리도구가 제안되고 있다. 실패관리와 성공관리의 내용은 새로운 것이 아닐 수 있다. 그러나 실패관리와 성공관리라는 개념은 우리가 경영의 역설들을 보다 체계적으로 해석하고 대응할 수 있는 새로운 관점을 제공한다.

실패관리(Failure Management, FM)

실패관리의 프레임워크에 따르면 실패는 '현실이 목표나 기대보다 열등한 상태'로 정의된다. 이러한 정의에 따르면, 실패는 파산이나 완전한 손실뿐만 아니라 우리가 당황하거나 낙담하는 상태, 예를 들어 갈등, 실망, 좌절, 후회, 특히 SWOT 분석의 관점에서는 약점과 위협을 의미한다. 실패관리의 핵심은, 실패의 밝은 면을 체계적으로 인식하고 활용하는 방법이다. 따라서 실패관리는 '실패의 유익한 점을 체계적으로 이용하는 방법'으로 정의된다. 구체적으로 실패관리의 프레임워크는 세 가지 하위 요소로 구성된다. 첫째, 실패관리에는 16개의 명제가 있는데, 각각 실패를 활용하는 16가지의 독특한 방법들을 설명한다. 둘째, 실패관리의 전략적인 옵션으로서는 박차(拍車, spurring), 재평가 (revaluing), 측면공격(outflanking), 재설정(re-anchoring) 등 네 가지가 있다. 셋째, 실패관리를 위한 준비에는 세 가지 유형이 있는데, '계획된 실패관리(planned FM)', '준비된 실패관리(prepared FM)', 그리고 '임기응 변적 실패관리(improvised FM)' 등이 있다. 이와 같은 방법들을 SWOT 분석에 활용하는 방안들은 다음 섹션에서 제시한다.

성공관리(Success Management, SM)

실패관리와는 반대로, 성공관리는 성공의 어두운 면에 초점을 맞춘다. 성공관리 프레임워크에서 성공은 '현실이 목표나 기대보다 우월한 상태'로 정의된다. 이러한 정의를 바탕으로, 성공은 객관적으로 달성된 목표뿐만 아니라 성취에 따른 주관적인 느낌, 예를 들어 만족, 안도, 특히 SWOT 맥락에서는 강점과 기회의 형태로 나타난다. 실패관리와 비슷하게 성공관리의 요지는, 성공의 어두운 면을 인식하고 회피하는 방법에 관한 것이다. 따라서 성공관리는 '성공의 해악을 회피하는 체계적인 방법'으로 정의된다. 성공관리의 프레임워크 또한 몇 가지 하위 요소가 있는데, 성공의 부정적인 영향들을 설명하는 명제들과, 성공의 부작용에 대한 일련의 처방들로 구성된다.

요컨대 실패관리와 성공관리의 프레임워크는 실패와 성공의 역설적인 영향을 체계적으로 인식하고 분석할 수 있는 렌즈를 제공한다. 다음 섹션에서는 실패관리와 성공관리의 방법이 SWOT 분석을 개선하는데 어떻게 도움이 될 수 있는지에 대해 설명할 것이다.

FM과 SM을 통하여 균형적인 SWOT 분석하기

앞에서 논의한 바와 같이, 기존의 SWOT 분석에서는 실패(즉, 약점이나 위협)의 밝은 면과 성공(즉, 강점이나 기회)의 어두운 면이라는 두 가지 역설을 체계적으로 인식하고 대처하는 방법을 명시하지 않는다. 따라서 이러한 두 가지 종류의 역설들을 분석하기 위해서는 기존의 SWOT 분석표를 다음과 같이 보완할 필요가 있다. 첫째, SWOT 분석표에서 '조직환경의 영향'이라는 차원을 '1차 영향'으로 바꾸어 명명한다. 다음으로, '2차 영향'이라는 새로운 차원이 SWOT 분석표에 추가된다. 이러한 '2차 영향'의 차원은 '1차 영향' 차원과 동일한 하위범주—유익함, 해로움—를 가진다.

표 2 '2차 영향'을 고려한 균형적 SWOT 분석

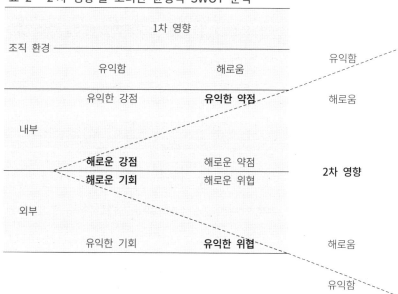

<표 2>에 제시된 '균형적 SWOT 분석표'는 '2차 영향'이라는 새로운 차원이 추가되어 기존의 SWOT 분석표와는 사뭇 다르게 보인다. 새로운 차원을 추가한 결과, SWOT의 4가지 요소(즉, 강점 S, 약점 W, 기회 O, 위협 T)는 8가지로 세분화되는데, 여기에서 S.W.O.T.는 '2차 영향'에 따라 각각 '유익한' 요소와 '해로운' 요소로 다시 분류된다. 이에 따라서 기존 SWOT 분석에 의해 분류됐던 네 가지 요소는 그 의미를 강조하기 위해 다음과 같이 이름이 바뀐다: 강점 → 유익한 강점, 약점 → 해로운 약점, 기회 → 유익한 기회, 위협 → 해로운 위협. 또한 새로운 네 가지 요소는 S.W.O.T.의 역설적인 영향, 즉 해로운 강점, 유익한 약점, 해로운 기회, 유익한 위협 등을 강조한다. 다음 챕터에서는 실패관리와 성공관리를 통해 균형적인 SWOT 분석을 하는 방법을 설명한다.

실패관리를 통한 균형적 SWOT 분석

실패의 긍정적인 영향 다루기

경영의 첫 번째 역설, 즉 실패의 밝은 면(유익한 약점, 유익한 위협)은 <표 3>에 진한 글씨로 표시되어 있다. 오늘날 조직환경의 일차적 영향(즉 내부적 약점이나 외부적 위협)은 미래에는 다른 형태의 이차적 영향(즉 강점이나 기회)으로 변화할 수 있다. 그러나 그러한 변화는 그냥 저절로 이루어지는 것이 아니다. 먼저 약점이나 위협의 밝은 면을 체계적으로 분석하고 인식해야 하며, 그런 후에야 <표 3>에서 묘사된 바와 같이 유익한 약점은 강점의 일부로 간주될 수 있으며, 유익한 위협은 기회의 일부가 될 수 있다.

표 3 실패관리를 통한 균형적 SWOT 분석

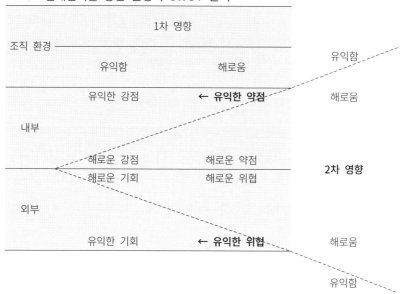

사례1: iPhone 4s

아이폰4의 후속작 아이폰4S가 2011년에 출시됐을 때 애플의 팬들은 신제품의 혁신이 기대에 못 미치는 것을 보고 실망했다. 이러한 아이폰4S에 대한 비판은 공교롭게도 애플의 전설적인 최고경영자 스티브 잡스(Steve Jobs)의 죽음이 임박한 시점에 일어났다. 잡스는 그 병이 깊어 죽음을 피할 수 없었고, 이것은 애플이 가장 큰 자산을 잃는 것을 의미했다. 하지만 잡스는 애플에게 새로운 기회를 제공하고 아이폰4S를 살려냈다. 애플 팬들이 아이폰4S를 스티브 잡스의 마지막 유산으로 여기게 되자 그의 사망 직후에 아이폰4S 판매가 폭발적으로 증가한 것이다. 이 사례는 사전 기획을 통해 내부자산의 손실이 외부위협을 줄일 수 있는 새로운 계기가 될 수 있다는 것을 보여준다.

실패관리 명제   기존 SWOT의 방법으로 분석하면 스티브 잡스의 손실은 애플의 약점으로 봐야 한다. 하지만 SWOT에서 실패관리가 적용되면, 애플은 잡스의 죽음이 비즈니스 위험을 줄일 수 있는 새로운 기회가 될 수 있다는 것을 발견할 수 있다.

실패관리 전략   애플은 잡스의 죽음을 막을 수 없었다. 이와 같이 불가피한 손실에 직면했을 때 애플사가 할 수 있는 최선의 방법은 그 손실을 이롭게 활용하는 다른 방법을 찾는 것이었다. 즉, 애플은 잡스의 사망과 더불어 아이폰4S 판매를 촉진하는 새로운 목표를 설정하였다.

실패관리 준비   스티브 잡스가 사망하기 훨씬 전부터 애플은 그의 건강이 악화되고 있으며 죽음이 불가피하다는 것을 알고 있었다. 그러한 사전 지식은 애플사가 비극 그 자체뿐만 아니라 비극적인 사건에 대한 반응을 준비하는 데 도움이 되었으므로, 이 사례는 '계획된 실패관리'라고 할 수 있다.

사례2: 포스트잇

1968년에 3M은 작은 실패를 경험했는데, 오랜 기간을 거쳐 개발한 새로운 접착제가 원래 의도했던 것보다 훨씬 약한 접착력을 보였던 것이다. 그로부터 몇 년 후, 그 접착제 개발자의 동료는 그 약한 접착제가 고객들의 새로운 요구를 충족시킬 수 있는 신제품의 일부가 될 수 있다고 제안하게 된다. 이것이 포스트잇 노트(Post-it Note)의 탄생이었다. 이것은 부족한 품질을 가진 제품의 가치를 사후에 다시 평가하여 새로운 수요를 창출해낸 사례라고 할 수 있다.

실패관리 명제   3M의 접착제 연구프로젝트의 최초 결과물은 그저 수많은 실패 중 하나로 끝날 수 있었다. 그러나 3M은 실패관리를 통하여 약한 접착제를 새로운 상품으로 활용하였다.

실패관리 전략   3M은 그들의 최초의 실패를 만회하기 위하여 더 강한 접착제를 만들려고 시도하지 않았다. 대신에, 3M은 실패한 발명품의 숨겨진 가치를 재발견함으로써 혁명적인 제품인 포스트잇을 출시했다.

실패관리 준비   3M은 그들의 연구가 실패하리라는 것도, 그리고 그 실패한 최초 성과물이 또 다른 용도를 가지리라는 것도 미리 알지 못했다. 그러나 실패 후 얼마 지나지 않아 그 회사는 실패한 프로젝트의 새로운 가치를 발견했다. 따라서 이 사례는 '임기응변적 실패관리'라고 할 수 있다.

사례3: 미-소 우주 경쟁

1969년에 처음으로 달에 발을 내디딘 사람은 미국인 닐 암스트롱(Neil Armstrong)이었지만, 이보다 먼저 1961년에 인류 역사상 처음으로 우주로 간 사람은 러시아인 유리 가가린(Yuri Gagarin)이었다. 이러한 두 가지 역사적 사건—최초의 우주 진출과 최초의 달 착륙—사이에는 미국의 실패 관리가 있었다. 러시아의 성공적인 우주개발 프로젝트 덕분에 우주경쟁에서 몇 번이나 패배를 맛 본 후, 미국 대통령 존 F. 케네디(John F. Kennedy)는 1962년 라이스 대학(Rice University)에서 유명한 연설을 했다.

"우리는 달에 가기로 결정했다. 그것이 쉬운 목표가 아니라 어려운 목표이기 때문이다. 그 목표는 우리의 에너지와 기술을 최대한 체계화하고 평가하는 데 도움을 줄 것이다."

우주 경쟁을 둘러싼 러시아의 위협 덕분에, 미국 정부는 우주 계획에 대한 전 국민적인 지지를 얻었고 아폴로 계획(Apollo program)에 엄청난 자원을 투자할 수 있었다. 그 결과로서 우리가 알고 있는 역사가 만들어졌다. 소련으로부터의 위협에 직면했던 미국은 혁신을 촉진하는 기회로서 그 위협을 활용했다.

실패관리 명제   소련의 위협에 직면한 미국 지도부는 우주경쟁에서의 잇따른 패배를 국가적 혁신을 촉진하는 계기로 삼았다. 거의 모든 미국 시민들은 케네디 대통령이 제시한 국가적 목표를 지지했고 의회는 나사(NASA)가 제안한 예산을 단 1달러도 삭감하지 않고 승인했다. 아폴로 프로그램을 통해 개발된 과학기술들은 구소련의 위협이 없었다면 달성될 수 없었을 것이다.

실패관리 전략   러시아가 우주탐사에서 연이은 위업들을 달성했다는 위협적인 뉴스는 미국 국민들에게 큰 충격이었다. 1960년대에 핵무기의 위협이 증가함에 따라, 우주경쟁에서의 패배는 충격을 가중시

컸고, 미국이 거의 모든 사회영역의 혁신에 박차를 가하는 전략을 채택하도록 도왔다.

실패관리 준비　비록 러시아 우주 비행사들의 놀라운 활약이 미국을 위협했지만, 미국 역사 전반에 걸쳐 무수한 위기를 경험했던 미국 정부 관리들에게는 그리 놀라운 일이 아니었다. 오히려 역사적 교훈들은 그런 위기를 활용해서 국가를 어떻게 운영할 수 있는지를 가르쳐 주었다. 따라서 미국이 달탐사 경쟁에서 최종적으로 승리한 것은 '준비된 실패관리'의 결과라고 할 수 있다.

사례4: 유도 경영

격투기의 일종인 유도가 권투나 태권도 같은 다른 격투기들과 구별되는 것은 유도 선수들이 서로를 직접 때리는 것이 아니라 상대방의 관성을 간접적으로 이용해 제압한다는 사실이다. 상대방이 무거울수록 더 큰 운동량을 갖게 되고, 거꾸로 내 다리에 걸려 넘어지기 쉬운 타성을 갖게 된다. 이런 '유도 경영'은 외부의 위협을 간접적으로 역이용하는 전략을 나타내는 대명사처럼 사용된다.

실패관리 명제　상대편의 강한 힘을 약점으로 바꾸는 것은 상대편의 관성이나 타성을 심화시키는 형태의 실패관리다. '다윗과 골리앗'처럼 대기업은 그 대규모 조직과 시스템으로 인하여 시장 환경에 신속하게 대응하지 못하는 실패에 직면할 수 있다. 반면에, 기민하고 효율적인 시스템을 갖춘 중소기업들은 보다 나은 적응력을 통해 시장에서의 경쟁에서 우월한 위치를 점할 수도 있다.

실패관리 전략　거대하고 강력한 상대와 직접 대결하는 대신에, 상대편이 게임에서 유연하게 움직일 수 없도록 하여 승리를 도모하는 간접/측면공격 전략을 구사할 수 있다.

실패관리 준비　사전에 강력한 적과 마주칠 것을 알고 있든지 없든지, 또한 상대의 힘을 역이용할 수 있다는 것을 알고 있든지 없든지 간에, 간접/측면공격 전략을 채택할 만큼 빠르고 현명하기만 하면 상대편의 관성과 타성을 역이용할 수 있다. 따라서 유도경영은 모든 유형의 실패관리 준비 모델에 적용이 가능하다.

앞서 기술한 실패관리 사례들은 <표 4>에 요약되어 있다. 이 사례들은 실패관리를 통해 기존 SWOT의 부정적 요소(즉, 약점과 위협)를 '유익한 약점'과 '유익한 위협'으로 변환하는 방법을 보여준다.

표 4　균형적 SWOT 분석: 실패관리 사례

사례		아이폰 4S	포스트잇	미-소 우주 경쟁	유도 경영
기존의 SWOT 분석		약점	약점	위협	위협
실패관리 관점	실패의 긍정적 영향	약점을 통해 외부 위협 피하기 (실패관리 명제 1)	부족함의 가치를 재발견 (실패관리 명제 2)	외부 위협을 통해 내부 혁신을 자극 (실패관리 명제 6)	상대방의 힘과 타성을 역이용 (실패관리 명제 9)
	전략	(목표) 재설정 Re-anchoring	(가치) 재평가 Revaluing	박차(拍車) Spurring	측면 공격 Outflanking
	준비	계획된 실패관리 Planned FM	임기응변적 실패관리 Improvised FM	준비된 실패관리 Prepared FM	모든 유형의 준비
균형적 SWOT 분석		유익한 약점		유익한 위협	

성공관리를 통한 균형적 SWOT 분석

성공의 부정적인 영향 다루기

표 5는 경영의 두 번째 역설(즉, 성공의 어두운 면)을 강조한다. 오늘의 내부적인 강점이나 외부적인 기회들이 내일은 새로운 문제로 탈바꿈할 수 있다. <표 5>에 진한 글씨로 강조된 바와 같이 '해로운 강점'과 '해로운 기회'는 각각 약점과 위협으로 재분류될 수 있다.

표 5 성공관리를 통한 균형적 SWOT 분석

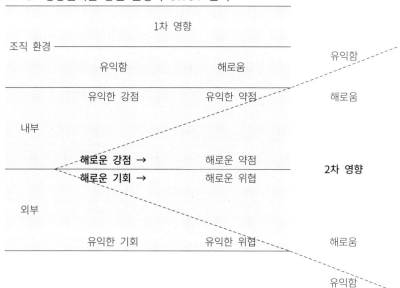

사례1: CVS

2014년 미국의 전국적인 편의점 기업 CVS는 담배 제품을 더 이상 취급하지 않겠다고 선언했다. 회사 전체 수익에서 담배 판매 비중이 크기 때문에 그것은 매우 힘든 결정이었을 것이다. 그러나 유해한 제품으로부터 얻어지는 안전한 이익에 의존하는 것은 회사가 원래 추구했던 고귀한 가치와 목표를 퇴색시킬 수도 있었다. 그래서 CVS는 오랜 기간의 고심 끝에 유해한 물건의 판매가 회사의 사명과 지속가능성에 미치는 부정적인 영향을 종식시키기로 결심했다.

성공관리 명제 CVS는 그들이 판매하는 유해상품의 판매호조가 자사를 맹목적이고 과도한 목표에 빠지게 할 수 있다는 사실을 발견했다. 매출의 성공은 회사가 이윤 추구에만 지나치게 전념하게 만들 수 있으며, 이는 결국 회사의 가치가 하락하는 결과를 초래할 수 있다.

성공관리 전략 CVS가 채택한 성공관리 전략은 사명중심의 경영이었다. 유형적 이윤은 인간 중심 서비스나 사회적 가치와 같은 무형자산을 침식할 수 있다. CVS는 부러움을 받는 회사를 넘어 존경받는 회사이기를 선택했다.

성공관리 준비 CVS는 과거의 오랜 기간 동안 담배 제품을 판매해 왔다. 하지만 이들 제품을 매장에서 판매 금지하기로 한 것은 이 같은 판매에 따른 부정적 효과를 회사가 눈여겨보게 된 이후에 나온 결정이다. 따라서 CVS는 담배 판매에 따른 사회적으로 부정적인 영향이 발생한 지 한참 후에 판매금지 결정을 내렸기 때문에 '임기응변적 성공관리'라고 할 수 있다.

사례2: 테슬라

2014년 같은 해, 전기자동차 산업의 선구자 중 하나인 테슬라(Tesla, Inc.)는 자사가 가진 전기자동차 관련 기술 특허를 공개하고 어떤 기업이라도 사용할 수 있도록 한다고 발표했다. 그러한 결정의 비용과 편익은 사전에 면밀히 검토되었는데, 회사의 귀중한 내부 자산이 다른 기업들과 공유되는 것은 명백한 비용이었으나 특허 개방으로부터 얻게 되는 편익은 보다 종합적인 관점에서 평가될 필요가 있었다. 전기자동차는 외부로부터의 전기를 연료로 공급받기 때문에 개별 전기자동차 제조업체의 성공은 업계 전체의 부흥에 크게 좌우된다. 따라서 테슬라는 자사의 성공을 위해 두 가지 요소―전기차 및 전기충전소의 보급 확대―가 충족되어야 했다. 이에 따라 테슬라는 전기자동차라는 신산업의 생태계를 보전하고 번창시켜 그 장기적 혜택을 보기 위하여 단기적 비용을 기꺼이 부담하기로 했다.

성공관리 명제   테슬라가 특허공개에 나서게 한 것은 전기차 시장의 생태계 상실에 대한 두려움 때문이었다. 아무리 회사가 튼튼하고, 아무리 좋은 차를 만든다고 할지라도 전기충전소가 없으면 그 차들은 길거리에서 달릴 수 없다. 즉, 전기자동차 시장이 충분히 확장되었을 때에만 전기충전소들을 편리하게 이용할 수 있게 되는 것이다. 따라서 테슬라는 미래에 살아남기 위해 회사의 강점, 즉 특허라는 자산을 희생시킴으로써 자신뿐 아니라 자신의 경쟁자들도 구해내야 했다.

성공관리 전략   테슬라의 이러한 결정은 오늘의 작은 희생이 내일의 큰 결과를 가져올 것이라는 장기적 관점 때문에 가능했다. 그러한 인과관계에 대한 종합적/장기적 인식이 테슬라의 성공관리 전략이었다.

성공관리 준비　불확실하고 민감한 시장 상황에 의존하는 다른 모든 기업들과 마찬가지로 테슬라 역시 특허공개를 결정하는 데 신중해야 했다. 그러한 결정의 비용과 편익은 '계획된 성공관리'의 틀 속에서 평가되었다.

사례3: 코스트코

코스트코(Costco)는 창업 이후로 판매 마진율을 낮은 수준(예: 15%)에 묶어두는 독특한 가격정책을 고수하고 있다. 코스트코의 설립자인 짐 시네갈(Jim Sinegal)의 가장 큰 우려 중 하나는 시장에서의 큰 기회가 회사 내부의 탐욕을 강화시키고 이로 인해 사업의 지속가능성을 악화시킬 것이라는 것이었다. 따라서 이 설립자의 믿음은 낮은 가격 수준을 고수하여 시장의 기회와 이익을 스스로 통제함으로써 고객에게 이익이 될 뿐만 아니라 회사가 탐욕스러워지는 것을 막을 수 있다는 것이었다.

성공관리 명제　코스트코 앞에 펼쳐진 시장의 기회로 인해 오히려 큰 이익이 회사의 눈을 멀게 하고 과도한 목표를 좇도록 할 수도 있었다. 그러나 코스트코의 설립자는 언제 움직여야 하는지 그리고 언제 멈춰야 할지도 알고 있었다. 즉, 그는 시장기회가 가져다 줄 수 있는 악영향을 피하고 싶었다.

성공관리 전략　코스트코가 채용한 성공관리 전략은 진실한 경영이었다. 코스트코 창업자는 겸손과 자족을 위하여 내면의 목소리에 귀를 기울였고, 이는 그가 신중하게 사업의 한계를 설정하는 데 도움이되었다.

성공관리 준비　코스트코는 시장기회의 부정적인 영향과 이윤 제한의 필요성을 현명하게 예견했다. 이러한 예지력은 '계획된 성공관리'로 이어져 결국 회사를 보호하는 데 도움을 주었다.

사례4: 윈스턴 처칠

제2차 세계대전의 위대한 지도자 중 한 명이었던 윈스턴 처칠(Winston S. Churchill)은 자신이 천재일 뿐만 아니라 고집불통이라는 것을 알고 있었다. 그를 더욱 위대하게 만든 것은, 명석한 자신에 대해 호혜적인 환경 때문에 그 자신의 자신감이 지나치게 됨으로써 모든 것을 망치는 씨앗이 될 수 있다는 것을 인식한 점이었다. 그래서 그는 자신이 언제나 객관적인 상태가 될 수 있도록 자신을 통제할 수 있는 새로운 환경이 필요하다는 것을 알게 되었다. 이러한 생각에 기반하여 처칠은 그의 수상록에서 정치로부터 자유로운 전문기구를 통한 경제정책 수립을 주장했다. 실제로 그는 내각으로 하여금 통계부서(Central Statistical Office, CSO)를 신설하도록 하여 자신과 다른 정부 관료들에게 현실에 대한 입증되고 객관적인 정보를 제공하는 임무를 부여했다. 그렇게 함으로써 윈스턴 처칠은 자신을 둘러싼 긍정적인 환경이 장기적으로는 부정적인 영향을 끼치는 것을 막으려 했다.

성공관리 명제 처칠은 자신 앞에 펼쳐진 기회, 즉 자신의 힘과 지성에 대한 지지와 찬사가 오히려 자기 자신에 대한 과신에 빠지게 할 수 있다는 것을 알았다. 즉, 성공은 경직성을 낳고, 이는 또 다른 실패로 이어질 수도 있었다.

성공관리 전략 처칠이 사용한 성공관리 전략은 객관성을 유지하는 것이었다. 객관성을 유지하기 위해 사용할 수 있는 여러 가지 전략 중에서 그는 외부의 통제를 활용하였다. 그 외부통제란, 통계부서가 제공하는 과학적이고 엄격한 분석이었고, 그것은 처칠이 편향되지 않도록 도왔다.

성공관리 준비 널리 알려진 바와 같이, 윈스턴 처칠은 그의 경력 내내 항상 성공적이지는 않았다. 그는 전투 안팎에서 많은 실패를 경험했다. 그러나 그가 실패를 통해 얻은 지혜는 그가 총리 임기 중에 자신을 통제할 수 있는 위대한 지도자가 되도록 만들었다. 이것은 윈스턴 처칠에게 있어서 '준비된 성공관리'였다.

<표 6>은 앞서 언급한 네 가지 사례를 요약한 것이다. 이 사례들은 기존의 SWOT 분석에서 긍정적이라고 여겨졌던 요소들(즉, 강점이나 기회)을 성공관리를 통해 '해로운 강점'과 '해로운 기회'로 재평가할 수 있는 방법을 보여준다.

표 6 균형적 SWOT 분석: 성공관리 사례

사례		CVS	테슬라	코스트코	윈스턴 처칠
기존의 SWOT 분석		강점	강점	기회	기회
성공관리 관점	성공의 부정적 영향	과도한 목표 Over-aiming	무너지는 생태계 Lost ecosystem	과도한 목표 Over-aiming	과신, 자만, 타성 Overconfidence, anchoring
	전략	사명중심의 경영 Mission-oriented	종합적 시각의 경영 Holistic	진실한 경영 Genuine	객관적 경영 Objective
	준비	임기응변적 성공관리 Improvised SM	계획된 성공관리 Planned SM	계획된 성공관리 Planned SM	준비된 성공관리 Prepared SM
균형적 SWOT 분석		해로운 강점		해로운 기회	

'기회의 창'을 열기 위한 균형적 SWOT 분석

조직환경의 네 가지 역설적인 요소들—'유익한 약점', '유익한 위협', '해로운 강점', '해로운 기회'—을 SWOT 분석표에 배치하면 <표 7>과 같이 '균형적 SWOT' 분석표로 다시 정리할 수 있다. 이 표에는 S.W.O.T.의 긍정적이고 부정적인 영향이 모두 포괄되어 있다.

표 7 균형적 SWOT 분석틀

조직 환경	조직 목적/목표에 대한 영향	
	긍정적	부정적
내부	유익한 강점 Beneficial strengths 유익한 약점 Beneficial weaknesses	해로운 강점 Harmful strengths 해로운 약점 Harmful weaknesses
외부	유익한 기회 Beneficial opportunities 유익한 위협 Beneficial threats	해로운 기회 Harmful opportunities 해로운 위협 Harmful threats

조직 관리는 역설적인 일들로 가득 차 있다. 이와 같은 역설 안에서 역동적인 지속가능성을 위해 필요한 것은, 좋은 것 안에서 나쁜 것을 볼 수 있으며, 나쁜 것 안에서 좋은 것을 찾을 수 있는 종합적이고 현실적이며 균형잡힌 관점일 것이다. 그러나 그러한 경영의 역설들을 포용한다는 생각 자체와 그것을 실제로 구현하는 것은 전혀 다른 문제인데, 그것은 개인이나 조직의 경로의존성, 정신적 또는 제도적 관성과 저항 등과 같은 여러 가지 이유 때문이다. 그러나 여전히 조직을 바라보는 새로운 사고방식을 갖는 것은 조직 운영방식을 개혁하기 위한 좋은 첫걸음이 될 수 있을 것이다. 그런 의미에서 실패관리와 성공관리 요소를 도입하여 새로운 SWOT 분석을 실행해보는 것은 혁신적인 '기회의 창(window of opportunity)'을 열 수 있도록 도와주며, 이로써 보다 균형잡힌 조직운영을 하는 데 좋은 연습이 될 것이다.

참고
문헌

성공과 실패의 조작적 정의 및 실패관리와 관련된 참고문헌

Lee, J., & Miesing, P. (2017). How Entrepreneurs Can Benefit from Failure Management. *Organizational Dynamics*, 46(3), 157–164. https://doi.org/10.1016/j.orgdyn.2017.03.001; Lee, J. (2018). Making Hindsight Foresight: Strategies and Preparedness of Failure Management. *Organizational Dynamics*, 47(3), 165–173. https://doi.org/10.1016/j.orgdyn.2017.12.002.

성공관리와 관련된 참고문헌

Lee, J., & Lee, S.-J. (2018). Success Management: Dynamic Sustainability beyond Harms of Success. *Organizational Dynamics*, 47(4): 209–218. https://doi.org/10.1016/j.orgdyn.2018.09.004.

SWOT 분석과 관련된 참고문헌

Humphrey, A. (December 2005). SWOT Analysis for Management Consulting. *SRI Alumni Newsletter*. SRI International.

'유도 경영'과 관련된 참고문헌

Yoffie, D. B., & Cusumano, M. A. (1999). Judo Strategy: The Competitive Dynamics of Internet Time. *Harvard Business Review*, 77(1), 70–81.

CHAPTER ┆ **05 역설관리**
　　　　　　: 실패성공관리의 난제와 대안*

　　　　　　이준수

서론

　　조직을 관리하는 것은 본질적으로 역동적인(dynamic) 과정이다.
조직관리가 동적(動的)인 주요한 이유 중에는 다음의 두 가지 역설이
있다. 첫째, 조직에서의 실패는 새로운 기회를 창출하는 데 도움을 줄
수 있으며, 둘째, 조직에서의 성공은 오히려 새로운 위기를 가져오는
계기가 되기도 한다. 전자는 실패관리(Failure Management, FM)의 핵심
으로서, 조직에서의 실패와 역경이 오히려 긍정적으로 활용될 수 있다
는 것을 강조한다. 반면에 후자는 성공관리(Success Management, SM)의
원리이며, 성공의 부정적인 영향에 대해 신중하게 대처해야 한다는 것
을 상기시켜준다. 이러한 두 가지 접근 방식(실패관리와 성공관리, 줄여서
실패성공관리 Failure-Success Management, FSM)은 실패와 성공의 역설을
통해 이루어지는 역동적 지속가능성(dynamic sustainability)을 체계적으

....

* 본 장의 원문은 다음과 같다. Lee, J. (2023). Paradox Management: Challenges and
  Alternatives of Organizations' Failure-Success Management. *KDI School Working
  Paper Series*, 23-16.

로 인식하고 관리하는 데 도움을 준다.

　　그러나 조직에서의 실패성공관리(FSM)를 실행하는 것은 말처럼 쉽지 않다. 실패성공관리를 실행하는 데 있어서 심리적으로 망설이거나, 문화나 제도가 성숙하지 않거나, 또는 이해관계자들 간에 갈등으로 인한 저항이 있을 수 있다. 이와 같은 문제의식을 바탕으로, 이 글은 실패성공관리의 난제들을 되짚어보고 이를 극복하기 위한 이론적/실용적인 대안을 소개하고자 한다. 이를 위해 다음 섹션에서는 실패성공관리의 개념을 간략히 소개하고, 그 이후 섹션에서는 효과적인 실패성공관리를 위한 과제와 대안을 논의한다.

조직의 역설적인 상황을 관리하기: 실패성공관리(FSM)

실패관리(Failure Management, FM)

　　앞서 언급한 대로, 실패관리(FM)는 실패와 역경을 조직의 소중한 자산으로 보며, 실패를 통해 오류를 수정하거나 새로운 기회를 탐색할 수 있다는 긍정적인 시각을 제공한다. 여기에서 실패란, '목표나 기대치를 달성하지 못하는 상태'로 정의되며, 경미한 실수에서부터 중대한 이익손실이나 파산에 이르기까지 다양한 어려움들을 포괄한다. 다시 말하면, 실패관리는 조직의 내외부 이해관계자 모두를 포함하여 사고하는 낙관적 시각의 접근방식이라 할 수 있다.

　　만약 실패관리가 조직의 내부 이해관계자(예를 들어 실패를 경험하는 조직구성원 등)에게 초점을 맞추어 실행된다면, 조직구성원들이 실수로부터 배우고 그 기회를 최대한 활용할 수 있도록 격려할 수 있다. 조직에서 실패관리가 효과적으로 실행되면, 그 조직은 실험주의적인 기업가 정신(entrepreneurship)에 의해 움직이게 되며, 실패를 하나의 소중한 시험대와 학습기회로 여기게 된다. 결과적으로, 실패관리를 효과적으로 실행하는 조직은 상징적으로나 실질적으로 더 큰 민첩성과 회복력을 얻을 수 있게 된다.

이에 반해 실패관리가 외부 이해관계자(예를 들어 고객 또는 수혜자 등)에게 적용이 되면, 이른바 '패자부활전'과 같이 실패에서 회복할 수 있는 기회를 제공하게 된다. 예컨대, 많은 공공기관 또는 금융기관들은 이러한 실패관리 관점의 접근방식을 채택하여 금전적으로 어려움을 겪는 고객이나 시민들에게 '부채탕감'과 같은 사업을 시행하고 있다. 또한 정부는 실업급여나 공익근로자 학비탕감(Public Service Loan Forgiveness, PSLF: 공공기관에서의 근무를 조건으로 학비상환을 면제해주는 제도)과 같은 정책을 통해 난관에 빠진 시민들이 재기할 수 있는 기회를 제공하기도 한다.

성공관리(Success Management, SM)

실패의 밝은 면에 초점을 맞추는 실패관리와는 다르게, 성공관리 (SM)는 성공의 어두운 면을 면밀히 들여다본다. 여기에서 성공이란, '목표나 기대치를 (초과)달성하는 상태'로 정의되며, 이러한 성공은 역설적으로 두 가지 유형의 어려움을 초래할 수 있다. 첫째, 성공은 우리가 기존에 생각하고 일하는 방식에 고정되어 결국 편향된 의사결정을 하도록 만들 수 있다. 둘째, 성공은 고객 또는 경쟁자와 같은 외부 이해관계자들이 나의 성공을 왜곡해서 바라보고 아첨을 하거나 나의 성공을 강탈하는 포식자가 되도록 만들 수 있으며, 이는 거꾸로 나의 의사결정 능력을 저해하는 결과를 낳기도 한다. 따라서, 이러한 성공의 부정적인 결과를 피하기 위해서는 성공에 필요한 자원과 성공의 결과를 좀 더 신중하게 관리해야 한다.

실패관리와 마찬가지로, 성공관리는 조직의 내외부 이해관계자 모두에게 적용될 수 있다. 성공관리가 조직 내부에 적용될 때는 조직구성원들에게 성공의 부정적 영향에 대한 예방조치를 제공하는 것이 중요하다. 이를 위해 참여적 거버넌스 또는 참여적 의사결정 프로세스를 구축하거나, 성공의 부정적인 영향에 대한 정보와 지식을 체계적으로 저장하고 공유하는 지식관리시스템을 구축하는 등의 조치가 필요하다.

아울러, 성공관리가 고객이나 시민과 같은 외부 이해관계자들에게 적용될 때는 또 다른 조치들이 필요하다. 예를 들어 많은 선진국에서는 시민들이 자기자신의 건강에 대해 과신하는 것을 방지하기 위해 주기적인 건강검진을 의무화하고 있다. 또 다른 예로는, '이 제품은 투자원금 손실 위험이 있으므로 신중한 결정을 내리십시오'와 같이 금융기관에서 소비자들에게 제공하는 위험경고도 외부 이해관계자들을 위한 성공관리의 일환으로 볼 수 있다. 유사한 예로서, 복권제도를 운영하는 재정당국이나 금융기관들은 복권당첨자들이 자산관리 교육을 의무적으로 받도록 함으로써 복권당첨 이후에 발생할 수 있는 비합리적인 소비를 예방하도록 돕기도 한다. 종합하면, 성공의 부정적인 영향을 완화하기 위한 성공관리의 조치들은 때로는 번거롭게 느껴질 수도 있지만, 실제로는 우리가 '성공의 함정'으로부터 벗어날 수 있도록 돕는 역할을 한다.

조직 실패관리의 난제들

앞서 논의한 바와 같이, 실패관리와 성공관리는 조직의 내외부 이해관계자 모두에게 적용될 수 있다. 실패관리는 내외부 이해관계자들이 실패의 긍정적 결과를 활용하는 데 도움을 줄 수 있으며, 성공관리는 그들이 성공의 부정적 결과를 피하는 데 도움을 줄 수 있다. 그러나 조직에서 이러한 실패성공관리(Failure-Success Management, FSM)를 실제로 적용하는 것은 심리적/관계적/문화적/제도적 측면의 많은 장애물 때문에 그리 쉬운 일이 아니다. 우선 본 섹션에서는 실패관리의 난제들을 소개한다.

표 1   실패성공관리(FSM)의 난제들

	내부적 실패성공관리: 내부 이해관계자의 실패성공관리를 도움	외부적 실패성공관리: 외부 이해관계자의 실패성공관리를 도움
실패관리	**실패는 절대 허용 안 된다** 실패가 용인 안 되는 현실	**지속가능성에는 다양한 정의(定義)가 있다** 정적 對 동적; 미시적 對 거시적
	실패는 필요악이다 실패의 변명으로서 실패관리	**정의(正義)에는 다양한 정의(定義)가 있다** 재도전 기회 부여의 공정성 문제
성공관리	**조직학습이 미흡하다** 성공의 부정적 영향에 대한 인식 미흡	**당신의 성공관리는 내가 알 바가 아니다** 외부 이해관계자 성공관리에 대한 무관심
	조직학습이 지나치다 성공의 부정적 영향에 대한 지나친 대응	**나의 성공관리는 당신이 알 바가 아니다** 성공관리를 위한 외부도움에 대한 저항

실패는 절대 허용 안 된다

'괴로움 뒤에는 기쁨이 있다', '위기는 기회다', '실패는 발명의 어머니', '우리 회사는 직원들의 실패를 격려한다'와 같이 실패관리의 메시지를 담고 있는 많은 속담과 슬로건이 있다. 이러한 위험을 무릅쓰는 기업가 정신(entrepreneurship)에 대한 메시지는 종종 CEO와 실무자들에 의해 반복되어 전달되며, 실패관리의 원칙뿐만 아니라 회사의 홍보에도 도움이 되는 긍정적인 이미지도 제공한다. 그러나 많은 조직에서 실제로는 실패가 용인되지 않으며, 실패를 옹호하는 슬로건은 종종 말뿐인 것이 현실이다. 이렇듯 조직에서 실패관리를 실제로 적용하는 것이 어려운 현상은, CEO의 관심과 지원 부족, 실패의 긍정적 활용을 위한 인센티브나 보상 부재, 그리고 유연하지 않은 성과평가시스템이나 감사에 대한 불안 등 다양한 이유로 설명될 수 있다. 결국, '실패에 대한 적극성'이 가지는 두 가지 이미지('도박' 또는 '실험')로 인해 조직구성원들은 혼란과 딜레마에 빠질 수 있으며, 이렇게 실패관리에 역행하는 조직 내부환경은, 결국 실패관리의 실제적인 가치를 의심하고 부정하는 냉소적인 조직문화로 이어질 수 있다.

실패는 필요악이다

실패관리의 또 다른 난제는 첫 번째 것과는 사뭇 다르다. '실패는 절대 허용 안 된다'라는 첫 번째 명제는 실패에 대해 냉혹한 무관용을 대변하는 반면, 두 번째 난제는 '실패는 필요악이다'라는 명제로 표현될 수 있으며 이는 실패에 대한 관용이 정도를 넘어서는 것을 가리킨다. 실패관리를 실행하는 조직에게 있어서 가장 바람직한 상태는 아마도 실패를 축하하는 문화가 제도화된 상황일 것이다. 왜냐하면 실패로 인해 얻을 수 있는 새로운 통찰력과 발견을 조직내에서 공식적으로 인정하는 것이기 때문이다. 그러나 이러한 실패에 대한 낙관적인 시각이 지나치게 과장되면, 조직은 실패관리라는 명분하에 그저 실패에 대한 변명만 늘어놓을 수 있으며 이러한 조직관리는 오히려 순진하고 태만한 것으로 비난받아야 할 것이다. 조직에서 일어나는 다양한 종류의 실패에 대해 엄격하고 균형 잡힌 분석을 거치지 않고 그저 면책에만 몰두하는 이러한 시각은, 진정한 실패관리를 위한 건강한 조직문화를 형성하는 데 걸림돌이 된다.

지속가능성에는 다양한 정의(定義)가 있다

앞서 소개한 두 가지 명제('실패는 절대 허용 안 된다', '실패는 필요악이다')는 실패관리에 대한 조직 내부적인 저항에 관한 것이다. 한편, 실패관리가 외부 이해관계자들에게 적용될 때는 또 다른 난제들이 있다. 기본적으로, 실패관리는 역경을 기회로 바꾸는 방법이다. 그런데 이러한 창조적인 변화의 과정에서 선택할 수 있는 대안들은 매우 다양하고 종종 상호경합하기도 하며, 어떤 대안을 선택하는지에 따라 이해관계자들에게 서로 다른 영향을 줄 수 있다. 예를 들어 조직 내의 재정적인 어려움은 효율적인 구조조정 또는 인적자원의 혁신으로 이어질 수 있지만, 이러한 변화는 또 다른 충돌의 원인이 될 수 있다. COVID-19 사태 중에 미국의 첨단기술산업을 중심으로 대규모 해고가 이루어졌던 상황은, 산업 전반에서 고급인력의 재분배를 촉진한 효과가 있었다고 평가받았지만, 정작 해고를 당한 사람들의 반감과 고통은 무시한 해석이라는 의견도 많았다. 이러한 사례는 개인적/미시적 차원의 지속가능성과 사회적/거시적 차원의 지속가능성이 서로 충돌하는 상황의 예라고 할 수 있다. 이와 같이 지속가능성에 대해 이해관계자들이 가지고 있는 서로 상충하는 의견들(예컨대 정적 지속가능성 對 동적 지속가능성; 미시적 지속가능성 對 거시적 지속가능성)은 실패관리를 통한 혁신을 더욱 어렵게 하는 역할을 하기도 한다.

정의(正義)에는 다양한 정의(定義)가 있다

지속가능성에 대한 다양한 정의(定義)와 유사한 또 다른 실패관리의 난제는, 정의(正義)에 대한 다양한 정의(定義)의 문제이다. 실패관리는 실패한 사람들이 다시 도전할 수 있는 기회를 주는 것을 목표로 하지만, 이러한 접근방법은 때로는 불공평한 것으로 여겨질 수 있다. 대부분의 사람들은 가급적 실패를 피하려 하고 실패할 경우에는 그 결과를 마땅한 것으로 받아들인다. 그러나 실패에 대한 관대함이 일정 수준을 넘어서면 정의(正義)의 원칙과 충돌할 수 있다. 실례로서, 부채를 탕감해주는 공공정책이나 금융기관의 조치에 대해 많은 사람들이 반대하는데, 이것이 '주고받기(give and take) 간의 균형'을 정의(正義)라고 믿는 그들의 원칙에 위배된다고 생각하기 때문이다. 실패관리의 성격을 가지는 정책에 대한 반감은 실업수당의 공정성에 대한 논쟁에서도 찾아볼 수 있는데, 일정수준을 넘는 실업수당에 대해 정의(正義)의 침해라고 보는 시각도 많다. 일반적으로, '정의(正義)란, 일종의 '균형'이다'라는 명제에 동의하더라도, 정작 '균형의 대상'에 대한 의견은 다양할 수 있다. 정의를 성립시키는 균형은 여러 가지 대상에 대해 적용될 수 있는데, 예컨대, 주기와 받기(give and take) 간의 균형, 주기와 주기(give and give) 간의 균형, 받기와 받기(take and take) 간의 균형, 주고 받기의 비율적 조합(give/take and give/take) 간의 균형 등 정의(正義)의 정의(定義)는 매우 다양하다. 요약하면, 실패관리는 그 창조적이고 건설적인 방향성와 이미지에도 불구하고, 실제로 적용되는 과정에서는 조직 내외 이해관계자들의 다양한 관점 간의 마찰에 직면할 수 있다.

조직 성공관리의 난제들

성공관리(SM)는 성공의 부정적인 결과를 인식하고 완화하기 위한 체계적인 접근방법이다. 구체적으로, 성공관리는 성공으로 인해 발생하는 내부 의사결정의 편향성을 방지하거나, 성공에 대한 외부 이해관계자들의 부정적 반응을 최소화하기 위한 조치 등을 포함한다. 그러나 실패관리와 마찬가지로, 성공관리를 조직 내에 구현하는 과정에서 심리적/문화적/제도적 장벽으로 인해 어려운 상황에 자주 직면하게 된다.

조직학습이 미흡하다

성공관리를 효과적으로 구현하기 위한 가장 중요한 단계 중 하나는, 성공의 원인과 결과에 대해 배우는 것이다. 다시 말해, 과거의 경험을 돌아보면서 성공의 부정적인 영향에 대해 직접 또는 간접적으로 알게 되는 것이 성공관리의 기초가 되어야 한다. 이러한 성공의 부정적 측면에 대한 지식은 다른 사람들과도 공유되어야 하며, 이를 통해 성공의 함정에 빠지지 않도록 스스로 보호할 수 있는 공동체로 성장하게 된다. 성공으로 인해 발생하는 어려움에 대한 지식을 습득하고 공유하는 조직학습을 통해, 우리는 성공의 함정에 대해 더 나은 예측과 예방을 할 수 있게 된다.

그러나 성공관리를 위한 조직학습에는 많은 현실적인 장벽이 있다. 첫째, 대부분의 조직은 순환근무제도를 활용하는데, 인력개발(HRD) 측면에서는 순환근무를 통해 직원들의 종합적인 역량을 촉진할 수 있고, 인력관리(HRM) 측면에서는 조직 내 다양한 업무의 장단점을 공평하게 분배할 수 있기 때문이다. 그러나 흔히 지적되는 것처럼, 순환근무제도는 일관성 없는 업무성과로 이어져 결국 효과적인 조직학습에 해를 끼칠 수 있다. 둘째, 성과관리제도의 비용통성으로 인해 조직 내에 두 가지 종류의 두려움이 만연할 수 있는데, 첫째는 나의 과실이 드러날까 하는 두려움이고, 둘째는 다른 사람의 공적이 드러날까 하는 두려움이다. 이러한 두려움은 궁극적으로 업무성과의 공과(功過)를 둘러싼 '공정한 거래'에 대한 신뢰와 맞닿아 있다. 다시 말해, 조직의 성과관리체계를 통해 '주기'(지식공유)와 '받기'(지식공유에 대한 보상)가 공정하게 이루어진다는 믿음이 없으면, 성공관리와 관련된 지식과 노하우가 조직 내에서 제대로 기록/전달/공유되기 힘들다. 셋째, 성공관리에 대한 지식과 경험을 저장하고 전달할 수 있는 적절한 방법이나 매체가 없는 경우, 조직구성원들은 성공관리와 관련된 지식공유에 참여하지 못할 수 있다. 이상 세 가지 측면에서 조직학습의 장애가 발생하는 경우, 성공관리의 귀중한 경험을 조직자산으로 만드는 것이 어려워질 수 있다.

조직학습이 지나치다

우리는 때때로 조직학습의 부족과는 정반대의 현상을 경험하기도 한다. 특히 조직 내에 심각한 위기가 발생하거나 새로운 CEO가 취임할 때 조직 전체에 급격한 변화가 생기기도 하는데, 예컨대 과도한 예방조치, 너무 많은 새로운 표준 및 매뉴얼, 불필요한 구조조정 등은 소위 '개혁 열병'(reform fever)의 몇 가지 예이다. 이러한 개혁열병 현상은, 조직의 효과적인 변화뿐 아니라 그저 변혁 자체에 열광하는 분위기 때문에 발생하기도 한다. 그 결과, '매뉴얼 홍수'(manual flood) 또는 '표준화 함정'(standardization trap) 등 과도한 변화관리의 늪에 빠질 수 있다. 요약하면, 성공관리의 일환으로서 실행하는 많은 조치들은, 본래 성공의 부정적인 영향으로부터 우리를 보호하기 위해 고안되고 실행되지만, 그것이 지나치게 되면 우리를 또 다른 함정에 빠뜨릴 수 있다.

당신의 성공관리는 내가 알 바가 아니다

앞서 논의한 두 가지 현상(조직학습의 부족 및 과다)는 조직의 내부 이해관계자를 둘러싼 성공관리의 난제들이다. 다른 한편으로, 성공관리가 고객이나 시민과 같은 외부 이해관계자들을 대상으로 시행될 때는 또 다른 유형의 난제들이 발생한다. 우선, 고객의 성공관리를 지원하려는 노력은 때때로 조직내부의 반대에 부딪힐 수 있다. 예를 들어, 많은 제조업체나 금융기관들은 고객이 제품이나 금융서비스의 혜택을 경험한 이후에 위험을 무시하거나 도덕적 해이에 빠지지 않도록 경고 메시지나 계약조건 세분화 등 다양한 형태로 위험경고를 제공한다. 정부도 시민들이 성공의 함정에 빠지는 것을 방지하기 위해 정기적인 건강검진 및 의무교육과 같은 다양한 규제를 시행한다. 그러나 고객이나 시민을 위한 성공관리 조치들은, 외부 이해관계자들이 직면하는 위험을 조직 내부에서 민감하게 받아들일 때만 구현 가능하다. 하지만 안타깝게도 많은 조직들은 종종 고객이 직면하는 위험에 대해 관심을 가지지 않는다. 왜냐하면 고객의 성공은 오늘 확실하게 발생하지만 그 성공으로 인한 위험은 미래에 불확실하게 발생하기 때문이다. 요약하면, 조직의 내부적인 둔감함은 외부 이해관계자들을 위한 성공관리를 방해한다.

참고로 덧붙이면, 앞서 언급한 두 가지 현상('조직학습이 지나치다', '당신의 성공관리는 내가 알 바가 아니다')은 다양한 이해관계자들 간에 발생하는 권력 경쟁(power game)의 두 가지 측면을 대변한다. '조직학습이 지나치다' 현상은, 더 많은 권한과 자원을 추구하는 '끌어당기기 게임'(pulling game)'의 예이며, 반면에 '당신의 성공관리는 내가 알 바가 아니다' 현상은 보다 적은 책임과 위험을 추구하는 '밀어내기 게임'(pushing game)에서 비롯된다.

나의 성공관리는 당신이 알 바가 아니다

외부 이해관계자들을 성공의 함정으로부터 보호하려고 할 때, 오히려 당사자인 외부 이해관계자들은 성공관리에 대해 저항할 수도 있다. 일반적으로 우리는 어떤 위험의 부정적인 결과가 명백하게 드러날 때까지 위험을 무시하는 경향이 있다. 특히 그 위험이 어떤 즐거운 성공의 예상치 못한 부정적 결과인 경우에는 더욱 그렇다. 예를 들어 건강한 사람은 자신의 건강에 대해 지나친 자신감을 가진 나머지, 정기적인 건강검진의 중요성을 간과할 수 있다. 이와 비슷하게 사업이 성공하게 되면 미래의 시장상황에 대응하는 조직내부능력에 대해 비현실적으로 낙관적이 될 수 있다. 이렇듯 성공으로 인해 우리가 갖게 되는 위험에 대한 편향된 인식은, 성공관리를 위한 지원과 개입에 대한 저항으로 이어질 수 있다. 예컨대 정기적인 건강검진이나 예방접종 캠페인에 대한 낮은 참여율, 공공교육에 대한 낮은 참여율, 보험계약서의 경고조항에 대한 높은 위반율 등 어긋난 자신감 때문에 성공관리에 저항하는 사례는 우리 주변에 많이 있다.

실패성공관리 난제들을 위한 대안

앞서 소개한 실패성공관리의 난제들은, 조직의 역설적인 상황을 체계적으로 관리하기 위한 실패성공관리의 이론과 현실 사이의 간극을 설명한다. 이번 섹션에서는 실패성공관리의 도전과제들에 대해 대응하는데 도움이 되는 일련의 방법과 원칙을 제시한다.

육하원칙(5W1H) 접근방법

실패성공관리의 난제들에 대해 대응하는 방법은 매우 다양하다. 그 중 하나로서 이 글에서는 육하원칙(언제 WHEN, 어디서 WHERE, 누가 WHO, 무엇을 WHAT, 어떻게 HOW, 왜 WHY: 5W1H) 접근법을 사용하고자 한다. 우선 <표 2>에서는 육하원칙 중에서 세 가지 요소(왜 WHY, 무

표 2   실패성공관리 난제들을 위한 대안

왜	내부적 실패성공관리: 내부 이해관계자의 실패성공관리를 도움	외부적 실패성공관리: 외부 이해관계자의 실패성공관리를 도움
실패관리	실패는 절대 허용 안 된다 실패가 용인 안 되는 현실 실패는 필요악이다 실패의 변명으로서 실패관리	지속가능성에는 다양한 정의(定義)가 있다 정적 對 동적; 미시적 對 거시적 정의(正義)에는 다양한 정의(定義)가 있다 재도전 기회 부여의 공정성 문제
	대안 어떻게: **엄정한 관용을 통한** 무엇을: **실패의 긍정적 활용**	대안 어떻게: **상호보완적 다각화를 통한** 무엇을: **상충가치간의 균형**
성공관리	조직학습이 미흡하다 성공의 부정적 영향에 대한 인식 미흡 조직학습이 지나치다 성공의 부정적 영향에 대한 지나친 대응	당신의 성공관리는 내가 알 바가 아니다 외부 이해관계자 성공관리에 대한 무관심 나의 성공관리는 당신이 알 바가 아니다 성공관리를 위한 외부도움에 대한 저항
	대안 어떻게: **책임성 있는 학습을 통한** 무엇을: **성공에 대한 신중한 접근의** **제도화**	대안 어떻게: **공감적인 협력을 통한** 무엇을: **외부 위험과 지원의 내재화**

엇을 WHAT, 어떻게 HOW)에 초점을 맞추어 설명한다. 이 중에서 '왜'(WHY)는 실패성공관리의 난제들에 대해 대응해야할 필요성에 대한 것이고, '무엇을'(WHAT)은 조직에서 실패성공관리를 안착시키기 위해 해야 할 핵심작업을 나타낸다. 그리고 '어떻게'(HOW)는 이러한 핵심작업을 실행하는 데 사용할 수 있는 구체적인 방법을 가리킨다. <표 2>의 구성요소를 요약하면, 내부적 실패관리, 외부적 실패관리, 내부적 성공관리, 외부적 성공관리 등 네 가지 유형의 난제에 대해 대응하는 대안들이 제시되어 있다.

첫째, 내부적 실패관리에 있어서의 난제는, 실패를 절대 용납못하거나 또는 실패를 단지 실수에 대한 변명으로만 간주하는 시각에서 기인한다. 그런데 이러한 두 가지 시각은 모두 '엄격한 관용'의 부족에 바탕을 둔다. 다시 말해, 실패는 다시 건설적으로 재활용될 수 있을 정도로 용인되어야 하지만, 이와 동시에 실패에 대한 긍정적인 용인이 어리석은 방심으로 이어지지 않도록 해야 한다. 따라서 내부적인 실패관리의 난제를 극복하는 대안의 원칙은 '엄정한 관용을 통한 실패의 긍정적 활용'으로 요약할 수 있다.

둘째, 외부적 실패관리의 난제는, 실패한 사람에게 재도전의 기회를 주는 것에 대한 다양한 이해에서 비롯된다. 앞서 설명한 대로, 지속가능성(sustainability)과 정의(justice) 두 가지 개념에 있어서 서로 상충하는 정의들(definitions)이 존재하고, 이는 서로 다른 이해관계자들의 가치체계를 대변한다. 이러한 딜레마를 해결하는 한 가지 방법은, 경쟁하는 가치들을 서로 다른 공간과 시간에서 적용함으로써 서로 부딪히지 않게 하는 것이다. 예를 들어, 실패한 사람에게 재도전의 기회를 주는 것이 언제나 정당화되지는 않겠지만, 대다수의 직원들이 일하기를 주저하는 위험한 사업에서 손실이 발생하는 경우에는 재도전 기회부여가 상대적으로 쉽게 적용가능할 수 있을 것이다. 따라서 외부적인 실패관리의 난제에 대응하는 원칙은 '상호보완적 다각화를 통한 상충가치간의 균형'으로 표현할 수 있다.

셋째, 내부적 성공관리의 난제는, 불충분한 조직학습과 맞닿아있다. 왜냐하면 성공의 부정적인 영향을 극복하는 노하우를 조직차원에서 기억하고 공유하는 것은 쉽지 않기 때문이다. 따라서 성공관리를 위해서는 학습과 공유의 노력을 제도화할 뿐 아니라, 성공의 함정으로부터 나 자신과 다른 사람들을 보호하기 위한 책임감을 촉진해야 한다. 따라서 내부적인 성공관리의 난제를 다루는 대안은 '책임성 있는 학습을 통한 성공에 대한 신중한 접근의 제도화'라고 표현할 수 있다.

넷째, 외부적 성공관리의 난제는, 성공으로 인한 위험에 대한 무지와 태만에서 비롯된다. 즉, 성공의 어두운 면에 대한 이해와 감수성이 부족한 경우, 성공관리는 더욱 어렵게 된다. 이러한 상황을 극복하기 위해서는 성공의 위험과 '성공의 희생자들'에 대한 공감을 내면화하고, 성공관리를 위한 외부의 도움을 받아들이고 따르는 겸손함이 필요하다. 따라서 외부적인 성공관리의 난제에 대한 대안은 '공감적인 협력을 통한 외부 위험과 지원의 내재화'라고 부를 수 있다.

앞서 언급한 네 가지 명제는 실패성공관리의 난제를 해결하기 위한 육하원칙(5W1H)의 대안들 중에서 세 가지 항목(왜 WHY, 무엇을 WHAT, 어떻게 HOW)을 대표한다. 그런데 이러한 명제들을 더욱 유효하도록 만들기 위해서는 나머지 세 가지 항목(누가 WHO, 언제 WHEN, 어디서 WHERE)에 대한 실행을 구체화해야 한다. <표 3>은 두 개의 차원을 서로 엮어 실패성공관리의 대안을 체계화하는 방법을 제시한다. 첫 번째 차원은 실패성공관리의 주체인 '누가'(WHO)이며, 집단수준에 따라 두 개의 하위범주(개인 또는 그룹)로 분류될 수 있다. 두 번째 차원은 실패성공관리의 시공간적 맥락을 나타내는 '언제'(WHEN)와 '어디서'(WHERE)이며, 가치통합 수준에 따라 두 가지 범주(낮음 또는 높음)로 나눌 수 있다. 여기에서 낮은 수준의 가치통합이란, 창발/개방/자유/포용/다양/비공식적인 성격을 가지는 일들이며, 이에 반해 높은 수준의 가치통합은 숙고/제한/엄정/선택/통합/공식적인 환경에서 이루어진다. 이상 두 가지 차원이 결합되면 총 네 가지 종류의 조직플랫폼을 상징

표 3 실패성공관리(FSM)를 위한 조직플랫폼

누가 (실패성공관리의 주체): 집단 수준	언제/어디서(실패성공관리의 시공간 맥락): 가치 통합 수준	
	낮음 (창발, 개방, 자유, 포용, 다양, 비공식)	높음 (숙고, 제한, 엄정, 선택, 통합, 공식)
낮음 (개인)	**(전체론적) 지식창출** (예: 지식 크리에이터 샌드박스)	**(적극적) 지식전달** (예: 인수인계 시스템)
높음 (그룹)	**(소극적) 지식공유** (예: Failcon, 실패박람회)	**(체계적) 지식적용** (예: 제도화된 실험)

하는 네 개의 셀이 생성된다. 이러한 조직플랫폼은 리더십, 조직문화 및 제도 측면에서 실패성공관리를 진작하는 데 도움이 될 수 있다.

지식창출을 위한 조직플랫폼

조직에서 실패성공관리를 실행하는데 있어서 가장 기본적인 출발점은, 실패와 성공의 역설적인 영향을 인식하고 이에 대응하는 조직구성원 개인이다. 다시 말해, 조직을 이루는 각 구성원이 제대로 실패성공관리를 실행할 때에만 실패성공관리와 관련된 지식과 활동이 조직 전체에서 효과적으로 기록/공유/활용될 수 있다. 따라서 각 개인은 실패성공관리에 대한 지식창출의 출발점이 된다. 그러나 현실에서 이러한 지식창출은 저절로 이루어지는 것이 아니며, 아래와 같은 특정한 조건들이 충족되어야만 가능하다.

첫째, 조직 구성원들은 심리적으로 스스로 안전한 곳(fear-free zone)에 있다는 느낌을 가질 수 있어야 한다. 즉, 실패한 사람들과 성공한 사람들 모두가 자신들이 경험하는 실패와 성공의 역설적 영향에 대해 숙고할 수 있고, 이에 대해 부당한 비난을 받지 않도록 하는 조직 환경이 필요하다. 둘째, 조직구성원들은 실패와 성공의 원인들과 그 해결책에 대해 배울 수 있는 학습방법을 알아야 하는데, 예컨대 네 가지 업무역량(벤치마킹 benchmarking, 모델링 modeling, 미래예측 forecasting, 미래기획 backcasting: BMFB)과 같은 방법론이 도움이 될 수 있다. 이를 자세히 설명하면, 벤치마킹(benchmarking)은 좋은 사례 또는 나쁜 사례로부터 핵심성공요인(critical success factor, CSF) 및 핵심실패요인(critical failure factor, CFF)을 식별하는 작업을 가리킨다. 모델링(modeling)은 단순한 성공/실패요인의 탐색을 넘어 일반화 가능한 패턴과 인과관계를 찾기 위한 노력이다. 미래예측(forecasting)은 모델링을 통해 산출된 모델을 기반으로 미래를 예측하는 행위이며, 미래기획(backcasting)은 예측된 미래에 도달하기 위해 실행가능한 계획을 만드는 작업이다.

앞서 소개한 두 가지 조건, 즉 '편안한 학습 분위기'와 '종합적인 학습방법'이 충족되면, 조직구성원들은 이른바 '지식 크리에이터의 샌드박스'에서 마음껏 실험을 하고 혁신적인 지식을 자유롭게 창출할 수 있다. 즉, 실패성공관리에 대한 깊은 지식을 습득한 개인들은 자신만의 데이터베이스를 만들어 그들의 암묵적 경험(암묵지)을 명시적 지식(명시지)으로 변환할 수 있으며, 이와 같은 명시지는 간단한 메모에서부터 포괄적인 매뉴얼, 툴킷 또는 핸드북까지 다양한 형태의 결과물로 나타날 수 있다.

지식공유를 위한 조직플랫폼

조직구성원들이 창출한 실패성공관리에 대한 지식은 조직전체에 이익을 줄 수 있도록 공유되고 확산되어야 한다. 그러나 개인을 넘어서는 지식공유는, 다른 사람들로부터 조롱이나 비판을 받을까 두려워하거나 공유를 위한 기회나 장소가 부족한 경우 등 여러 가지 장벽으로 인해 어려워질 수 있다. 따라서 개인수준의 학습을 넘어선 학습공동체를 형성하기 위해서는 '심리적으로 안전한 곳'(fear-free zone)의 범위가 확장되어야 한다.

실패성공관리를 위한 학습공동체의 한 가지 예는 Failcon (www.thefailcon.com)이다. 미국에 있는 이 기업은 실패와 성공을 경험한 기업가들이 모여 그들의 경험을 자유롭게 공유할 수 있는 컨퍼런스를 정기적으로 개최한다. 이 모임은 축제와 같은 분위기 속에서 진행되기 때문에 비난이나 처벌에 대한 두려움 없이 실패와 성공의 역설에 대한 노하우를 공유하는 촉매제 역할을 한다. 한국에서도 이와 유사하게 행정안전부가 주최하는 '실패박람회'라는 행사가 매년 개최되고 있다. 이러한 실패성공관리 지식을 공유하는 이벤트에 참여하는 사람들은 동일한 장소와 동일한 시간에 같이 있을 필요가 없다. 왜냐하면 디지털 클라우드 시스템을 통해 원격(remote) 및 비동기(asynchronous) 회의가 가능하게 하는 기술 덕분에 실패와 성공에 대한 이야기와 지식을 시공간의 제한 없이 공유할 수 있기 때문이다.

이렇듯 실패성공관리에 대한 지식공유는 개방적이고 자유로운 학습공동체를 통해 이루어질 수 있다. 그러나 이러한 개방성과 자유로움은 양날의 검과 같다. 학습공동체 참여자들은 참여 또는 공유에 대한 의무가 없지만, 바로 이러한 자율성 때문에 지식을 체계적으로 관리하고 그 활용가치를 보장하는 데 한계가 있다. 따라서 조직 내에서 실패성공관리에 대한 지식을 공식적으로 공유하고 전달할 수 있는 또 다른 방법이 필요한데, 아래에 바로 이어서 소개한다.

지식전달을 위한 조직플랫폼

앞서 소개한 지식공유 방법을 통해서는 실패성공관리와 관련된 지식이 무형적이고 불안정한 형태로 남아 있을 가능성이 크기 때문에, 보다 체계적인 지식전달을 보장하기 위해서는 더욱 신뢰성 높은 방법이 필요하다. 구체적으로, 직원들이 인력개발(HRD) 및 인력관리(HRM) 목적에 따라 다른 부서로 정기적으로 이동하는 전형적인 인사제도를 고려할 때, 조직 내 모든 위치의 전임자와 후임자 간에 실패성공관리 지식을 공유할 수 있는 체계적인 인수인계 시스템이 구축되어야 한다.

한 가지 예로서, 한국 정부는 조직 내 문서관리 및 소통을 위한 통합적인 온라인 플랫폼인 '온나라 서비스'를 운영한다. 이 시스템은 이메일, 채팅, 영상회의 등을 통해 내외부 이해관계자와의 소통을 가능하게 하는데, 이 시스템의 독특한 점은 지식관리 기능이다. 직원들은 온라인게시판과 학습공동체에 참여하면서 자신들의 아이디어를 공유할 수 있다. 또한 전임자와 후임자 간에 업무관련 정보 및 지식을 체계적으로 전달할 수 있는 인수인계 기능을 포함하고 있다. 전달의 대상이 되는 지식은 공식적인 형태(체크리스트, 핸드북, 매뉴얼 등)에서부터 비공식적인 형태(비디오 클립, 메모 등)까지 다양하다. 이러한 과정을 통해 실패성공관리에 대한 불안정한 정보들이 안정적인 지식자산으로 변모하게 된다.

지식적용을 위한 조직플랫폼

앞서 소개한 모든 방법들은 실패성공관리 지식을 창출하고 공유할 수 있는 기회를 제공한다. 그러나 공유된 지식을 조직차원의 성과로 연결하기 위해서는, 실패성공관리에 대한 노력이 의사결정과정 속에서 제도화되어야 한다. 실패성공관리의 본질은 시행착오를 통해 실패와 성공의 역설적인 영향에 대해 체계적으로 대응하는 것이므로, 이러한 실험주의(experimentalism)는 조직 내의 공식절차와 문화의 일부가 되어야 한다. 다시 말해, 조직구성원들에게 '심리적으로 안전한 곳'과 함께 '실용적인 곳'(down-to-earth zone)을 제공함으로써, 실패와 성공의 경험이 실용적인 교훈과 통찰력 있는 의사결정으로 변환될 수 있도록 해야 한다.

실제로 실패성공관리는 우리의 일상생활에서 멀리 있지 않다. 조직에서 다루어지는 모든 형태의 사업과 정책은, 바로 지금 달성하고자 하는 목표일뿐만 아니라 그 다음 단계의 목표를 위한 수단, 리허설, 테스트, 실험으로서의 역할을 한다. 따라서 실패성공관리에 대한 실험주의(experimentalism)를 진작하게 되면, 더욱 대담하고 적극적인 조직문화로 이어지게 된다. 이러한 조직의 적극성(proactivity)은 다양한 방식으로 정의될 수 있는데, <표 4>에서 보는 바와 같이 조직의 적극성(적극경영)은 불편 해소, 문제 예방, 성과 개선, 혁신 탐색 등 다양한 유형으로 실행될 수 있다.

상기 4가지 유형 중 어떤 성격의 적극성이든지, 적극적인 실패성

표 4 적극경영의 유형

시간성	방향성	
	부정적인 것을 최소화	긍정적인 것을 최대화
과거적(성찰, 대응)	불편 해소 Discomfort solution	성과 개선 Performance improvement
미래적(예견, 방지)	문제 예방 Problem prevention	혁신 탐색 Innovation exploration

그림 1 실패성공관리를 위한 적극경영 방안

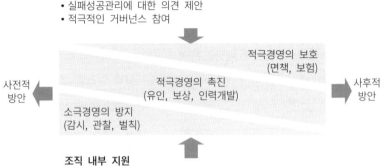

조직 외부 참여
- 모범/성공사례 및 실패사례 신고
- 실패성공관리에 대한 의견 제안
- 적극적인 거버넌스 참여

적극경영의 보호
(면책, 보험)

적극경영의 촉진
(유인, 보상, 인력개발)

사전적
방안

소극경영의 방지
(감시, 관찰, 벌칙)

사후적
방안

조직 내부 지원
- 실패성공관리를 보호하고 촉진하기 위한 법제도적 근거 마련
- 실패성공관리를 위한 상담 및 컨설팅 지원
- 참여적 거버넌스 관리

공관리를 실행하기 위해서는 조직차원에서 다양한 조치가 필요하다. <그림 1>은 조직의 적극성(적극경영)을 실현하기 위한 세 가지 유형의 방안을 보여준다. (1) 감시/관찰, 벌칙 등을 통한 소극경영의 방지; (2) 유인, 보상, 인력개발 등을 통한 적극경영의 촉진; (3) 대담하고 창의적인 실패에 대한 면책 및 보험 등을 통한 적극경영의 보호 등은 조직 내외부 이해관계자들의 도움을 통해 더욱 촉진될 수 있다. 우선, 고객 및 시민과 같은 외부 이해관계자들은, (1) 모범/성공사례 및 실패사례의 신고; (2) 실패성공관리에 대한 의견 제안; (3) 적극적인 거버넌스 참여 등을 통해 적극경영에 기여할 수 있다. 아울러, CEO 및 관리자 등을 포함한 내부 이해관계자들은, (1) 실패성공관리를 보호하고 촉진하기 위한 법제도적 근거 마련; (2) 실패성공관리를 위한 상담 및 컨설팅 지원; (3) 참여적 거버넌스 관리 등을 통해 조직의 실패성공관리를 뒷받침할 수 있다. 이상과 같이 적극경영을 위한 일련의 조치들

을 통해 효과적인 실패성공관리도 촉진될 수 있다.

결론: 역설을 통한 역동적 지속가능성

조직을 관리하는 것은 다음의 두 가지 역설로 인해 본질적으로 동적(dynamic)인 과정이다. 첫째, 실패는 새로운 기회를 창출하여 긍정적인 결과를 가져올 수 있으며, 둘째, 성공은 새로운 위기를 가져와 부정적인 결과를 초래할 수 있다. 실패관리(FM)와 성공관리(SM)는 이러한 역설적 현상을 관리하는 데 도움이 될 수 있다. 그러나 실제로 실패성공관리(FSM)를 구현하는 것은 조직 내외부의 다양한 장애물과 저항 때문에 어려워질 수 있다. 이 글에서는 이러한 실패성공관리의 난제들을 검토하고 이에 대한 이론적/실용적 대안을 소개하였다.

하지만 실패성공관리에 대해 아무리 좋은 전략과 전술이 제안된다 하더라도, 실제로 그 전략전술을 구상하고 구현하는 것은 조직구성원에게 달려 있다. 실패성공관리를 효과적으로 실현하는 데 도움이 되는 관리요소 중 하나는 조직의 사명(미션)이다. 조직사명과 관련된 두 가지 질문(우리가 누구인가? 우리가 누구를 섬기고 돕기 위해 일해야 하는가?)에 대한 지속적인 자문과 인식은 조직의 지속가능성을 위한 등대 역할을 한다. 그러면 어떻게 조직사명에 대한 지속적인 인식을 가질 수 있을까? 어려운 질문이지만, 동시에 그것에 대해 너무 걱정할 필요는 없을 것 같다. 왜냐하면 조직에서 늘 일어나는 역경과 실패는 역설적으로 조직사명을 상기시켜주는 자명고와 같은 역할을 하기 때문이다. 다시 말해, 우리가 조직에서 경험하는 어려움은, 우리를 거시적/궁극적인 균형(equilibrium)으로 인도하는 미시적/일시적인 불균형(disequilibrium)의 역할을 한다. 이것이 바로 조직의 역동적 지속가능성을 가능하게 하는 역설관리(paradox management)이다.

```
┌─────┐
│ 참고 │
│ 문헌 │
└─────┘
```

실패관리 및 성공관리와 관련된 참고문헌

Lee, J., & Miesing, P. (2017). How Entrepreneurs Can Benefit from Failure Management. *Organizational Dynamics*, 46(3), 157−164; Lee, J. (2018). Making Hindsight Foresight: Strategies and Preparedness of Failure Management. *Organizational Dynamics*, 47(3), 165−173; Lee, J., & Lee, S.-J. (2018). Success Management: Dynamic Sustainability beyond Harms of Success. *Organizational Dynamics*, 47(4), 209−218; and Lee, J., Lee, S.-J., & Jung, K. (2020). Balanced SWOT: Revisiting SWOT Analysis through Failure Management and Success Management. *KDI School Working Paper Series*, 20−17.

지속가능성(정적 vs. 동적; 미시적 vs. 거시적)과 관련된 참고문헌

Lee, J. (2024). Sustainable Paradise Lost: Competing and Complementary Discussions on Sustainability. *Environment, Development and Sustainability*. https://doi.org/10.1007/s10668 -024-04711-5.

BMFB(benchmarking, modeling, forecasting, backcasting) 및 원격 /비동기 학습공동체와 관련된 참고문헌

Lee, J. (2023). The Era of Omni-learning: Frameworks and Practices of the Expanded Human Resource Development. *Organizational Dynamics*, 52(1), 100916.

지식경영과 관련된 참고문헌

Dalkir, K. (2017). *Knowledge Management in Theory and Practice* (3rd edition). The MIT Press; and Hislop, D., Bosua, R., & Helms, R. (2018). *Knowledge Management in Organizations: A Critical Introduction* (4th edition). Oxford University Press.

적극경영과 관련된 참고문헌

적극행정온On. 인사혁신처. https://www.mpm.go.kr/proactivePublic Service

맺음말

　본서는 실패와 성공이 가져다주는 역설적이고 때로는 당황스러운 경험들을 체계적으로 인식하고 관리할 수 있는 방법으로서 실패관리(Failure Management, FM)와 성공관리(Success Managemeng, SM)에 대해 소개한다. 간략히 요약하면, 이 세상에 공존하는 유의미한 신호(signal)와 무의미하게 여겨지는 잡음(noise) 속에서, 실패관리는 잡음들 사이에 존재하는 신호를 잡아내는 것을 넘어(signal AMONG noises), 잡음 자체를 유의미한 신호로서 해석한다(즉, 신호로서의 잡음: signal IN noise, noise as signal). 이에 반해 성공관리는 유의미하게 여겨지는 신호가 실제로는 잡음일 가능성에 주목한다(즉, 잡음으로서의 신호: signal as noise).

　하지만 이러한 실패/성공관리(통칭하여 FSM)의 방법들은 우리가 실패와 성공, 그리고 그 역설적인 영향들을 온전히 통제할 수 있다는 것을 의미하지는 않는다. 통제가 어렵지만 신비롭게도 역설적인 실패와 성공의 영향력을 경험하다보면, 그러한 일들이 어떤 목적을 지향하여 일어난다는 것을 직감하게 된다. 그 목적의 또 다른 표현은 '사명(mission)'으로서, 실패와 성공이 우리로 하여금 어떠한 사명을 깨닫고 따라가도록 인도한다는 것이다.

　이에 두 가지 종류의 사명을 생각해볼 수 있다. 첫 번째 사명은 '나를 향한 사명(mission to me)'으로서, 내가 어떤 마음과 태도로 살아야 하는지에 대한 것이며, 두 번째 사명은 '나를 통한 사명(mission through me)'으로서, 내가 이웃과 세상을 어떻게 대해야 하는지에 대한 것이다. 이 두 가지 사명의 핵심적인 가치를 요약해보면, 공교롭게도 서로 뜻이 통하는 단어들의 공통적인 초성으로 정리된다. 첫째는 ㅅㄹ 인데, 사랑과 샬롬(shalom, 화평, 평안)의 초성들이다. 둘째는 ㄱㅅ이며, 겸손과 감사의 초성들이다. 첫째 초성 ㅅㄹ은 우리가 궁극적으로 지향하는 목적가치이며, 둘째 초성 ㄱㅅ은 우리를 그 궁극가치로 인도하는 방법가치라 할 수 있다.

실패/성공관리의 관점에서 되돌아보면, 실패와 성공은 우리가 개인적/조직적/사회적 차원에서 스스로 성찰하며 반성하게 하고, 이를 통해 지속적으로 변화하고 혁신할 수밖에 없도록 만든다. 결국, 실패와 성공이 우리로 하여금 보다 나은 ㅅㄹ(사랑, 샬롬)과 ㄱㅅ(겸손, 감사)를 체화하고 지향하도록 촉구하며 도와주고 있다는 것을 발견하게 된다. 마치 롤러코스터를 타는 것과 같은 실패와 성공의 희노애락 속에서 우리는 영어 알파벳 DS로 요약되는 '역동적 지속가능성'(dynamic sustainability)과 '역동적 샬롬'(dynamic shalom)을 경험하며, 이러한 역설적 섭리에 대한 믿음은 우리에게 위안과 소망을 준다.

찾아보기

ㄱ

가치 6, 38, 44, 47, 69, 70, 73, 75, 78, 90, 91, 96

가치사슬(value chain) 31, 33, 34, 35, 51, 69

간접 지식 47

간접 학습 43

갈등 7, 30, 60, 67, 85, 106

감내 44

강남스타일 66

강점(Strengths) 54, 78, 83, 84, 86, 87, 88, 95, 97, 100, 101

강화 40, 54, 56, 57, 65, 66, 98

개발도상국 59

개선 2, 20, 21, 34, 35, 37, 38, 73, 82, 86, 105

개인휴대정보단말기(PDA) 61

개혁 8, 38, 56, 73, 102, 106

개혁 열병(reform fever) 115

객관성 72, 100

객관적 65, 72, 76, 83, 86, 99

거시적 지속가능성 112

게이레츠(Keiretsu) 17

격리 72

격투기 93

결합 8, 44, 45, 47

겸손 71, 82, 99, 120

경계심 73

경로의존성 56, 102

경영진 60

경쟁 60

경쟁력 62, 64, 71

경쟁자 34, 58, 59, 65, 66, 67, 69, 97, 107

경제안정기금(Economic Stabilization Fund, ESF) 75

경제학 74

경직성 100

경험 4, 31, 43, 45, 47, 53, 57, 59, 60, 62, 67, 70, 75, 90, 93, 100, 106, 114, 115, 121, 122, 123, 125, 127

계획된 실패관리(Planned FM) 44, 48, 50, 86

계획적 기회주의(planful opportunism) 76, 82

고객 33, 44, 55, 58, 62, 63, 64, 65, 69, 74, 75, 90, 98, 107, 108, 115, 116

고린도전서/후서 49, 78

고유 6, 49, 69

고유성 53

공급망 59

공로 60

공유 8, 47, 56, 68, 70, 97

공유 경제 10

공적 60

공존 69

과거지향적(retrospective) 4, 5, 19, 20, 21, 24, 30, 31, 32, 35, 36, 41, 49, 50, 79

과대평가 54, 55

과도 38, 39, 40, 56, 61, 62, 67, 72, 96, 98

과소 55, 61, 62

과신 40, 53, 54, 58, 59, 72, 81, 100

과잉 8, 32, 61, 62, 64, 71

과정 2, 3, 4, 6, 7, 31, 41, 42, 43, 45, 50, 52, 59, 62, 69, 73, 76, 78

관리 33, 80

관리도구 85

관성 40, 56, 93, 94, 102

관찰 42, 43, 44, 45, 47, 59

교육 73

구글(Google) 10

구소련 29, 92

구축 효과(crowding out effect) 64

구현 42, 44, 76, 80, 102

군비경쟁 67

군사전략 40

권력 61, 72, 73

권력 경쟁(power game) 116

균형(equilibrium) 57, 72, 73, 111, 112, 113, 119, 128

균형적 SWOT 88

근거 65, 71, 72

근거이론(grounded theory) 6, 7, 31, 51, 54

근시안 49, 74

글로벌 배송 모델(Global Delivery Model, GDM) 19

기계식 시계 13

기대 7, 22, 30, 32, 55, 62, 64, 85, 86, 89

기록 42, 44, 46, 48, 57

기부 67

기억 42, 44, 46, 48, 68

기업가 정신(entrepreneurship) 57, 110

기저 효과(base effect) 64

기회(Opportunities) 5, 21, 30, 33, 34, 35, 41, 45, 60, 76, 83, 84, 86, 87, 88, 89, 90, 92, 95, 98, 99,

100, 101

기회의 창(window of opportunity)
101

김포공항 10

끌어당기기 게임(pulling game) 116

ㄴ

나사(NASA) 92

나치 독일 18, 40

나홀로 전략 65

낙관적 57, 62

남용 61

내면의 목소리 99

내부통제 71

넛지(Nudge) 11, 25

네트워크 17, 33, 60, 74, 82

노스페이스(The North Face) 64

노키아(Nokia) 17, 54, 61

뉴욕(New York) 10, 39

능력 4, 41, 49, 54, 55, 58, 71, 73

닐 암스트롱(Neil Armstrong) 91

ㄷ

다각화 62

다단계 74

다윗과 골리앗 93

단결 60

단순화 71

담배 68, 95, 96

닷컴 열풍(Dot.com Fever) 74

대안 44, 75

대처 36, 67, 85, 87

대항 60

덤핑 18

도미노피자(Domino pizza) 9

도요타(Toyota) 14

도전 30, 49, 57, 84

독점 78

동기부여 62

동적인 지속가능성 112

디지털카메라(digital camera) 56

딜레마 76

딤비(DIMBY: Definitely in My
Backyard) 18

ㄹ

라이스 대학(Rice University) 92

록히드(Lockheed) 9

루이뷔통(Louis Vuitton) 13

리더 33

리더십 4, 33, 61, 69, 72, 73, 82

리사(LISA) 61

ㅁ

마진 71, 98

마케팅 64

매뉴얼 115

매뉴얼 홍수(manual flood) 115

매몰 56, 72

매출 44

맥락 48, 50, 54, 86

맨하탄(Manhattan) 39

맹목적 60, 96

메커니즘 31, 41, 50

명사 69

명시적 42, 44, 46, 48

명시지 122

명제 6, 8, 19, 21, 22, 26, 31, 85,
86, 90, 91, 92, 93, 96, 97, 98,
100

모니터링 42, 44, 45, 47, 69

모델 41, 43, 45, 47, 48, 48, 49, 50,
61, 62, 74, 94, 106

모델링 122

모범 사례 45, 47

목적 6, 8, 32, 57, 79

목표 7, 8, 19, 20, 31, 32, 34, 35,
38, 39, 40, 53, 56, 57, 58, 61, 68,
73, 83, 84, 85, 86, 90, 92, 96, 98

몰입 14, 56, 72

무형 자산 96

미국 2, 29, 37, 38, 40, 58, 66, 68,
91, 92, 93, 95

미국 적십자사(American Red Cross,
ARC) 38

미래기획(backcasting) 122

미래예측(forecasting) 122

미래지향적(prospective) 1, 5, 6,
20, 21, 25, 30, 31, 32, 35, 36, 41,
68, 79

미시적 지속가능성 112

밀어내기 게임(pushing game) 116

ㅂ

박차(spurring) 전략 37, 86, 93

반도체 57, 59

반응 3, 32, 33, 48, 65, 90

발견 지향적 기획(discovery-driven
planning) 48, 52

방위고등연구계획국(DARPA) 9

방지 78

백신(vaccine) 39

버즈 마케팅(buzz marketing) 16

법정 싸움 67

벤치마킹(benchmarking) 122

변수 58, 59

변화 28, 34, 56, 60, 73, 78, 88,
106

보완 7, 8, 19, 30, 49, 73, 87

복권 60, 67

복수(復讐) 66, 67

본성 58

부채탕감 107

분권화 72, 76

분류 3, 33, 88, 95

분석 2, 3, 20, 31, 32, 41, 62, 72,
84, 86, 87, 88, 90, 100

분석툴 83

분열 60

분쟁 61

불균형(disequilibrium) 4, 61, 128

불안정한 평형상태(unstable equilibrium) 27

불확실성 48, 49, 50

브랜드 40, 54, 65

블랙베리(Black Berry) 61

비난 44, 66

비동기식(asynchronous) 회의 123

비밀 마케팅 16

비선형적 42

비일관성 8, 14, 32

ㅅ

사명 40, 68, 70, 73, 78, 79, 96, 127

사전(事前) 5, 19, 42, 43, 44, 45, 47, 48, 50, 52, 89, 90, 94, 97

사후적인 지식 45

삼성전자 12

36계 40

상호 배타적 5, 20, 76

샌드박스(sand box) 122

샌디 쿠팍스(Sandy Koufax) 76, 82

생태계 53, 65, 68, 69, 97

서비스 38, 53, 60, 62, 63, 64, 68, 69, 70, 74, 96

선견지명 29, 44, 45, 50

선례 42, 43

선발주자 38

선형적 42, 84

선호 60

설계 4, 61, 70, 74, 80

성공공식 74

성공관리(Success Management, SM) 53

성공의 덫/함정(success trap) 57, 108

성공의 역습(Success strikes back) 53

성공하는 기업들의 8가지 습관 (Built to Last) 12, 38

성과관리제도 114

성과급제 62

성찰 71, 72

소니(SONY) 60, 61, 70

소련 29, 37, 40, 92

소송 16

소외 64

소프트웨어 55

손실 7, 30, 40, 60, 85, 89, 90

손자병법 14

쇠퇴하는 목표(eroding goals) 57

수단 58

수명주기 74

수요 62, 63, 91

숙고 44, 45, 47

순서 42, 43, 44, 45, 47

순환근무제도 114

스마트폰 55, 61, 67

스마트폰 운영체제(Operating System, OS) 10

스타 66

스탈린 40

스톤(Stone) 4

스티브 잡스(Steve Jobs) 13, 29, 40,
44, 89, 90

스티븐 호킹(Stephen Hawking) 15

스펙트럼(spectrum) 35

스펜서 실버(Spencer Silver) 39

승자의 저주(winner's curse) 54

시간지평 46

시계산업 13

시너지(synergy) 62

시스템 27, 28, 38, 59, 69, 74, 82,
93

시어스(Sears) 62

시장 53, 57, 61, 62, 64, 65, 67, 69,
70, 74, 93, 97, 98, 99

시장 분석 62

시장기회 98, 99

시행착오 2, 38

시험 74, 76

신생 기업 57

신중 45, 74, 75, 98, 99, 106

신호 42

실패관리(Failure Management, FM)
30

실패의 원인 4, 5, 20, 30, 35, 41

실험 3, 45, 73, 106

실험주의(experimentalism) 107,
125

싸이 66

ㅇ

아디다스(Adidas) 73

아이보리(Ivory) 16

아이튠즈(iTunes) 9

아이패드 미니(iPad mini) 16

아이폰(iPhone) 59, 89

아이폰 4S(iPhone 4S) 14, 29, 40,
44, 89, 90

아첨 66

아트 프라이(Art Fry) 39

아폴로 11호 37

아폴로 계획(Apollo program) 92

안드로이드(Android) 10

안정성 78

안정적인 평형상태(stable
equilibrium) 28

안티팬 66

암묵적 42, 44, 46, 48

암묵지 122

애플(Apple) 9, 16, 29, 40, 44, 59,
61, 67, 89, 90

애플리케이션(Application) 55

앨버니(Albany) 15

약점(Weaknesses) 66, 84, 85, 88,
90, 93, 94, 95, 101

약탈 67

양날의 검 84, 123

양립 62, 76

양립적 76

양면성 85

에어비앤비(Airbnb) 10

역공 78

역동적인 지속가능성 68, 102

역설 57, 85, 87, 88, 95, 102

역설적 21, 30, 75, 76, 78, 81, 84, 86, 88, 101, 102

역심리학 마케팅(reverse psychology marketing) 15

역이용 14, 39, 40, 93, 94

연속적 35, 36, 76

열등 8, 30, 32, 85

영국 18, 40

예견 41, 42, 99, 105

예상 7, 41, 42, 44, 45, 47, 57, 75, 105, 106

예지력 99

예측 19, 42, 45, 50, 62

오류 4, 7, 19, 58, 59, 81

오울루(Oulu) 17

옥스팜 아메리카(Oxfam America, OA) 40

옥스팜 퀘벡(Oxfam Quebec) 40

온라인 약국 74

온전 27, 49

왕컴퓨터(Wang Laboratories) 61, 65

왜곡 54, 60, 61, 62, 71, 78

외부 보상 62

외생적 58

욕망 67

우버(Uber) 10

우선순위 60, 70

우월 7, 48, 53, 86, 94

우주경쟁(space race) 29, 37, 91

운영 체제(OS) 55

원인 3, 4, 5, 20, 30, 35, 41, 53, 58, 58, 59, 79, 106

원자력 57

원칙 72, 74

원형들(archetypes) 36, 50

월그린스(Walgreens) 74

웨스팅하우스(Westinghouse) 57

위기관리(crisis management, CM) 6, 19, 20, 27, 78, 105

위험 8, 21, 27, 28, 45, 68, 72, 76, 90

위험관리(risk management, RM) 6, 19, 20, 21, 27, 30, 78, 105

위협(Threats) 8, 29, 37, 40, 56, 59, 83, 84, 85, 87, 88, 89, 92, 93, 94, 95

윈스턴 처칠(Winston S. Churchill) 40, 72, 99, 100

유대 60

유도 경영(judo management) 14, 25, 39, 51, 93, 103

유리 가가린(Yuri Gagarin) 91

유산(遺産) 44, 89

유행 70, 74

육하원칙(5W1H) 117, 120

은혜 49

음양 76, 82

의도적 4, 39, 44

의사결정 6, 31, 41, 42, 43, 44, 45,
  47, 48, 49, 50, 53, 54, 59, 61, 62,
  69, 71, 73, 75, 76, 78, 81

의사소통 7, 71, 72

이분법 35, 76

아이아코카(Iacocca) 62

이유 32, 49, 57, 59, 102

이익공유 17

이차적 영향 88

이카루스의 역설(Icarus paradox) 57

이해관계자 8, 33, 60, 66, 67, 69

인내심 75

인적자원관리 62

인지 3, 42, 43, 54, 59, 67, 71

인천공항 10

인포시스(Infosys) 19

일반 대중 33, 66, 69

일본 호텔 16

일차적 영향 88

임기응변적 실패관리(Improvised
  FM) 47, 48, 50, 91

입소문 74

ㅈ

자기만족 53, 56

자만 40

자멸 67

자산 33, 38, 69, 89, 96, 97

자신감 45, 54, 57, 69, 82, 99

자원 8, 57, 57, 60, 61, 62, 67, 69,
  73, 78, 92

자원의 저주(resource curse) 54

자유 68, 78, 99

자족 71, 99

잠재 64, 78

잠재력 76

재고(在庫) 64

재벌 17

재산 60, 67

재설정(re-anchoring) 전략 40, 86

재평가(revaluing) 전략 38, 39, 47,
  86

저장 42, 44, 46, 48

저축 75

저항 56, 60, 102

적극성(proactivity) 125

전기자동차 68, 97

전략적 2, 3, 6, 44, 68, 83

전략적 옵션 22, 31, 36, 41, 42, 44,
  46, 48, 49, 50, 86

전술 67, 72

전자시계 13

절충 7, 56

점진적 74

접착제 39, 47, 75, 90, 91

정밀한 사전 기획(deliberate

planning) 48, 52

정보 59, 66, 69, 71, 72, 99

정신모델 41

정의(正義, justice) 112, 113, 119

정의(定義, definition) 2, 6, 7, 8, 30, 32, 53, 81, 85, 86, 103, 112, 113

정적인 지속가능성 68, 112

제1종 오류 58, 59

제2종 오류 59

제2차 세계대전 18, 40, 99

제도화 71, 73

제임스 퀸시(James Quincey) 45

제품 45, 47, 53, 61, 62, 63, 64, 70, 74, 89, 90, 91, 95, 96

제한 71, 73, 78, 99

제한된 합리성 2, 49

젠트리피케이션(gentrification) 64

조스 떡볶이 9

조작적 정의 6, 7, 32, 81, 103

조정 32, 35, 37, 38, 39, 40

조직문화 3

조직학습 113, 114, 115, 116, 119

조합 4, 36, 37, 38, 39, 40, 42, 50

존 F. 케네디(John F. Kennedy) 37, 72, 92

좋은 기업을 넘어 위대한 기업으로 (Good to Great) 71

죽음 29, 40, 44, 89, 90

준비 22, 29, 31, 41, 42, 43, 44, 45, 47, 48, 49, 50, 75, 86, 90, 91, 93, 100, 105, 106

준비된 실패관리(Prepared FM) 45, 50, 86

증상 42

지도력 62

지속가능성(sustainability) 53, 57, 68, 69, 73, 96, 98, 102, 119

지속성 78, 80

지역개발 64

지연 56, 59, 71, 74

직관 68, 73

직접 경험 43, 47

직접 학습 47

질투 66

짐 시네갈(Jim Sinegal) 71, 98

집단사고(group think) 60

집착 56, 61

ㅊ

창의적 6, 31, 32, 50, 70

창조 5, 29, 30, 31, 35, 39, 40, 49, 56

책임 63, 71

처방 2, 31, 67, 68, 86

처방책 67

체계적 1, 3, 5, 6, 7, 21, 29, 31, 32, 50, 54, 68, 73, 85, 86, 87

촉진 3, 38, 41, 44, 46, 47, 68, 90, 92

추론 3, 6, 58, 59

추측 73

충분조건 21

측면공격(outflanking) 전략 39, 86, 94

치유 68

치킨게임 67

ㅋ

케터필러(Caterpillar Inc.) 12

코닥 56, 61

코마쓰(Komatsu) 12

코스트코(Costco) 71, 98, 99

코카콜라(Coca Cola) 12, 45

콜린스(Collins) 13, 38, 71

크라이슬러(Chrysler) 62

큰 그림 75

클러스터 효과(cluster effect) 18, 65

키워드 68, 69, 70, 105

키친어워털루(Kitchener-Waterloo) 17

ㅌ

타성 39, 45, 56, 58, 93, 94

탈바꿈 95

탐구 20, 35, 40, 73, 73

탐욕 71, 98

태도 44, 71

터널 시각(tunnel vision) 49, 56

테슬라(Tesla, Inc.) 18, 68, 97, 98

통계부서(Central Statistical Office, CSO) 99, 100

통제 20, 58, 69, 71, 72, 78, 98, 99, 100, 106

통찰력 68, 83

투자 21, 39, 53, 57, 61, 62, 76, 92

트리니티 연합(Trinity Alliance) 15

트집잡기 66

특허 18, 68, 97, 98

팀 쿡(Tim Cook) 16

ㅍ

파산 7, 30, 85

패러다임 55

패턴 29, 31, 35, 59

패자부활전 107

퍼펙트 게임(perfect game) 76

펩시(Pepsi) 12

편견 56, 61, 66, 69, 72, 78

편익 5, 42, 44, 47, 97, 98

편중 61, 64

편향 54, 61, 66, 100

평가 7, 20, 31, 32, 38, 41, 55, 75, 90, 92, 97, 98, 105

포라스(Porras) 13, 38

포스트 잇 노트(Post-it note) 39, 47, 75, 90, 91

포용 76, 102

포지셔닝 61, 69

포트폴리오(portfolio) 2, 21, 61

폴라로이드(Polaroid) 65

표준 115

표준화 함정(standardization trap) 115

품질 61, 62, 63, 64, 90

프레임워크(framework) 6, 7, 21, 22, 30, 31, 32, 49, 54, 79, 80, 83, 85, 86

프록터 앤 갬블(Procter & Gamble) 73

피드백 루프(feedback loop) 74, 82

필요조건 22

ㅎ

하드웨어 55

하이라인(High Line) 10, 39

학습 2, 3, 8, 41, 42, 43, 44, 45, 47, 52, 105

학습과정 41, 42, 43, 52

한계 73, 84, 99

함정 53, 67, 68, 74, 76, 78, 80

합리적 65, 69, 71, 73, 76, 82

해바라기 경영(sunflower management) 60

해석 3, 58, 67, 85

해악 86

핵무기 92

행동경제 14

혁신 2, 38, 45, 57, 62, 70, 73, 89, 92, 93, 102, 106

현실 2, 7, 8, 30, 31, 32, 34, 35, 37, 38, 39, 40, 50, 53, 74, 76, 85, 86, 99, 102

협업 60

형용사 69, 70

혜택 1, 8, 21, 30, 33, 34, 35, 41, 43, 44, 45, 46, 47, 48, 49, 50, 75, 78, 97

확산 35, 49, 105, 106

환상 69

활용 5, 6, 7, 21, 22, 25, 31, 34, 38, 39, 41, 44, 45, 48, 49, 50, 72, 75, 78, 85, 86, 90, 91, 92, 93, 100

후발주자의 이득(late mover's advantage) 38, 74

후쿠시마 57

훈련 73

휴렛패커드(Hewlett–Packard) 73

휴식 72

희생 68, 97

기타

BHAG (Big Hairy Audacious Goal) 12, 25, 38, 51

BMFB 122

down-to-earth zone 125

FailCon 9, 121, 123

fear-free zone 121, 123

LED TV 9, 61, 63

LG전자 18

NeXT 컴퓨터   9

OS X(10)   9

PDA   9, 61, 63

Peace First(구 Peace Games)   15

stickk.com   12

SWOT   83, 84, 85, 86, 87, 88, 89,
　　90, 91, 92, 93, 94, 95, 99, 100,
　　101, 102, 103

3M   29, 39, 73, 75, 90, 91

Tropical Islands Resort   10

저자 소개

이준수는 KDI 국제정책대학원의 교수이며 '역동적 지속가능성 연구실(Dynamic Sustainability Laboratory: DS Lab.)'의 책임교수를 맡고 있다. 뉴욕주립대학교(알바니) SUNY at Albany에서 행정 및 정책학 박사학위를 받았다. 유익한 실패로 인해 시스템이 지속되고 해로운 성공으로 인해 시스템이 도전받는 역설적 상황에서의 전략적 관리에 관해 연구하고 가르치고 있다.

폴 마이싱(Paul Miesing)은 뉴욕주립대학교(SUNY at Albany) 비즈니스 스쿨의 교수이며 사회적 기업의 발전 및 이해를 위한 센터(CAUSE)의 창립 이사이다. 콜로라도 대학(University of Colorado)에서 전략경영 박사 학위를 받았고 사회적 기업가 정신, 환경적 지속가능성 및 기업 지배 구조에 대해 연구를 하고 있다.

이승주는 KDI 국제정책대학원의 교수이며 국제개발연수실장을 역임했다. 하버드 대학교(Harvard University)에서 경영학 박사 학위를 받았고 맥킨지 컨설팅 그룹(McKinsey & Company)에서 컨설턴트로 근무했다. 글로벌 메가트렌드에 대한 연구를 수행하고 있으며, 전략경영, 기업가 정신, 리더십을 연구하고 가르치고 있다.

정권은 KDI 국제정책대학원의 교수이며 교학처장과 기획처장을 역임했다. 일리노이 대학(University of Illinois at Urbana-Champaign)에서 마케팅 전공 박사학위를 받은 이후 싱가폴 국립대학을 거쳐 KDI 대학원에서 교수로 재직하고 있다. 민간 및 공공부문에서의 소비자/시민 행태와 지속가능한 경영전략에 대해 연구하고 가르치고 있다.

제2판
실패관리와 성공관리

초판발행	2021년 1월 15일
제2판발행	2024년 6월 15일

엮은이	이준수
지은이	이준수·폴 마이싱·이승주·정권
펴낸이	안종만·안상준

편 집	전채린
기획/마케팅	정연환
표지디자인	이수빈
제 작	고철민·조영환

펴낸곳	(주)**박영사**
	서울특별시 금천구 가산디지털2로 53, 210호(가산동, 한라시그마밸리)
	등록 1959. 3. 11. 제300-1959-1호(倫)
전 화	02)733-6771
f a x	02)736-4818
e-mail	pys@pybook.co.kr
homepage	www.pybook.co.kr
ISBN	979-11-303-2038-0 93320

정 가   12,000원